En espíritu *y en* verdad

En espíritu *y en* verdad

UNA INTRODUCCIÓN A LA ESPIRITUALIDAD BÍBLICA

Samuel E. Masters

BHESPAÑOL.COM

En espíritu y en verdad: Una introducción a la espiritualidad bíblica.

B&H Publishing Group
Nashville, TN 37234

Diseño de portada e ilustración: Tim Green, FaceOut Studio.

Director editorial: Giancarlo Montemayor
Coordinadora de proyectos: Cristina O'Shee

Clasificación Decimal Dewey: 248.84
Clasifíquese: VIDA ESPIRITUAL/VIDA CRISTIANA/CONVERSIÓN

ISBN: 978-1-0877-3955-7

Impreso en EE. UU.
1 2 3 4 5 * 24 23 22 21

Índice

Introducción

¿SOBRE QUÉ TRATA ESTE LIBRO?

Querido lector, este es un libro sobre la espiritualidad bíblica, pero quizás también sea de ayuda describir lo que este libro no es. No es un libro sobre religiones mundiales, espiritualidades contemporáneas, la historia de la espiritualidad cristiana o un análisis cultural. Abordaremos un poco estos temas importantes y algunos más, pero nuestro propósito es otro. Tampoco es un libro sobre disciplinas espirituales, aunque en este tema nos vamos a detener un poco más porque forma parte de lo que es la espiritualidad bíblica.

¿Entonces, sobre qué trata este libro? Lo que tienes en tus manos es una teología personal y práctica de la espiritualidad bíblica. Mi propósito principal es ayudar al creyente evangélico a entender las bases bíblicas de su experiencia espiritual. Quiero ubicarnos, por un lado, en el gran panorama del plan divino y, por el otro, en las etapas normales de una vida espiritual del individuo. Además, deseo que entendamos cuál es nuestro papel dentro de ese proceso. Es decir, quiero que descubramos cuáles son las cosas que Dios espera de nosotros y cuáles las que nosotros podemos esperar de Dios.

Vamos a definir la espiritualidad como nuestra teología llevada a la práctica, a la vida diaria. Estamos hablando de vivir *coram Deo* —con plena conciencia de estar siempre en la presencia de Dios—. A esto, los puritanos lo llamaban «la vida piadosa».

Con el fin de ubicarnos como individuos dentro de la historia y nuestra cultura, comenzaremos con un breve análisis de nuestros tiempos, incluyendo ciertas ideas populares sobre la espiritualidad. Mientras avanzamos, nos apoyaremos cada vez más en la Biblia. Además, buscaremos la ayuda de algunas de las grandes figuras de la historia de la Iglesia como los capadocios, Agustín de Hipona y los puritanos del siglo XVI, en especial John Flavel y John Owen.

Reitero que no se trata de un libro sobre disciplinas espirituales en sí mismo. Las disciplinas son importantes, pero queremos ubicarlas dentro de un contexto más amplio que incluye la obra de Dios en nuestras vidas mediante el Espíritu y la Palabra, la vida comunitaria de la Iglesia, la lucha por la santidad y los medios de gracia que Dios ha provisto. Esto nos ayudará a evitar los errores del individualismo y del legalismo.

El libro se divide en cuatro secciones:

1. **Dios nos busca**: En un mundo lleno de opciones filosóficas, religiosas y espirituales, encontrar el camino correcto resulta confuso. Todo se empieza a resolver cuando nos percatamos de que Dios nos viene a buscar.

2. **Tenemos comunión con Dios**: La Biblia no solo nos ofrece un sistema teológico, sino que revela la sorprendente naturaleza de la relación que comienza cuando Dios viene a nuestro encuentro.

3. **Nuestra lucha**: La comunión con Dios significa el comienzo de una nueva vida, pero pronto descubrimos que existen elementos de nuestra antigua vida que nos persiguen. Ahora vivimos en una extraña condición intermedia en la que disfrutamos las bendiciones de la relación con Cristo, pero nos vemos obligados a luchar contra un enemigo: nuestra propia falta de santidad.

4. **Dios nos ayuda**: A pesar de la realidad de la lucha, Dios no nos abandona. Todo lo contrario, nos ayuda y nos sostiene

de manera especial. ¿Cuáles son los medios por los que nos ayuda? ¿Cómo podemos aprovechar esa ayuda al máximo?

Este libro busca proveer una respuesta bíblica al interés en el tema de la espiritualidad en el mundo en general y el ambiente evangélico en particular. Su contenido se debe en gran medida a la enseñanza de tres de mis profesores del Southern Baptist Theological Seminary [Seminario Teológico Bautista del Sur]: Michael Haykin, Stephen Yuille y Donald Whitney. Los que han leído sus libros podrán percibir su influencia en cada página de esta obra. También quiero reconocer la influencia de un querido amigo, el pastor Jaime Adams. Su amor por la vida espiritual desarrollada en comunidad me ha enseñado mucho.

Aunque estoy considerando las necesidades del lector evangélico, creo que puede ser de bendición a creyentes de otras tradiciones y una ayuda a los que no se identifican con ninguna tradición, pero tienen sed espiritual. A ellos y a todos, quiero decirles que en Jesús hay una fuente de agua espiritual que satisface: «Pero el que beba del agua que yo le daré no volverá a tener sed jamás, sino que dentro de él esa agua se convertirá en un manantial del que brotará vida eterna» (Juan 4:14).

Samuel Masters
Marzo, 2021
Córdoba, Argentina

Pero el que beba del agua que yo le daré no volverá a tener sed jamás, sino que dentro de él esa agua se convertirá en un manantial del que brotará vida eterna.

Juan 4:14

Primera parte:
DIOS NOS BUSCA

Porque el hijo del hombre vino a buscar y a salvar lo que se había perdido.

Lucas 19:10

... le era necesario pasar por Samaria.

Juan 4:4, RVR1960

Capítulo 1

La nueva espiritualidad

De la India nos llega una parábola milenaria. Se dice que había una vez unos ciegos que se encontraron con un elefante. Curiosos, investigaron el elefante palpando con las manos. Pronto empezaron a anunciar sus conclusiones. Un ciego, tocando el costado del elefante, dijo que se habían encontrado con una pared. Otro, palpando la trompa, le contestó: «No, ¡es una víbora!». Otro, abrazando una pierna, respondió que en realidad se trataba de un árbol. Y otro, tomado de la punta de un largo colmillo, aseguró que era una lanza. Otro ciego confundió la cola con una soga, y otro la oreja con un gran abanico de los que son comunes en la India.

En algunas versiones de esta parábola, la disputa termina en golpes. Hay versiones hinduistas, jainistas, budistas e incluso sufistas. Del oriente pasó al occidente. El poeta inglés, John Godfrey Saxe, publicó una versión divertida muy divulgada en el siglo XIX. En la última estrofa de su poema, Saxe ofrece una interpretación de la parábola: el entredicho de los ciegos representa los desacuerdos de religiosos o teólogos que disputan cosas que no han visto.

¿Quién puede negar la naturaleza limitada de los conocimientos humanos? En especial en lo que se refiere a cuestiones de religión o el sentido más profundo de la vida. Si entendemos nuestras limitaciones, deberíamos ser tolerantes con otros seres humanos tan limitados como nosotros. La parábola también pone en evidencia el profundo deseo humano de conocer más, de investigar y entender, lo que produce una sed intelectual y espiritual que todos sentimos. Esta parábola expresa el espíritu de nuestros tiempos que se caracteriza por dos impulsos casi contradictorios: por un lado, la sed de una espiritualidad más profunda y, por el otro, el temor de caer en el dogmatismo y la intolerancia.

Estos dos impulsos, en parte son producto de una característica de la posmodernidad: la pérdida de la identidad. «Posmodernidad» es un término expansivo y de uso flexible porque es muy difícil de definir. Se aplica de distintas formas en distintos campos como la arquitectura, el arte, la filosofía y la cultura en general. Representa un rechazo de la modernidad con sus valores y formas de pensar. Su gran característica es el escepticismo frente a la autoridad y cualquier afirmación de verdad absoluta. El ser humano posmodernista a lo sumo puede decir: «Es verdad para mí». Este escepticismo trabaja como un disolvente que corroe las certezas tradicionales que formaban la identidad de los individuos dentro de sus contextos religiosos y culturales.

Como pastor en Argentina, en ocasiones noto cierta reserva y sospecha de parte de las personas al conocerlas por primera vez. Parecen ponerse a la defensiva como si pensara pedirles alguna ofrenda o diezmo. Debo reconocer que, dados ciertos casos negativos de pastores mediáticos, esta reacción no sorprende. A pesar de la mala fama de ciertos pastores, al entrar en confianza, encuentro gente de buena voluntad que busca un punto de encuentro. En este país de tradición católica, muchas veces repiten una frase tan común que casi podría ser un credo: «Yo también soy una persona muy espiritual, pero no soy religioso».

Esta frase me parece interesante porque, en primer lugar, representa una marcada ambivalencia con respecto a la tradición y la institución de la iglesia católica que tanto ha hecho por moldear la cultura de este país. En segundo lugar, porque implica un rechazo al ateísmo que muchos pensadores del siglo XX creyeron inevitable. Por cierto, vivimos en tiempos marcados por el secularismo, la tendencia histórica de privar la religión de mucho del espacio que antes ocupaba en el área pública. En Occidente, la espiritualidad ha retrocedido casi exclusivamente al ambiente privado, pero no ha desaparecido. Todo lo contrario. La religión tradicional representada por las instituciones eclesiásticas pierde adeptos, pero aún existe una gran sed espiritual. Esta sed espiritual se manifiesta en una gran diversidad de formas. Cerca de Córdoba, donde vivo, hay una montaña llamada el Uritorco de donde se dice que emana gran energía espiritual que supuestamente atrae a los ovnis. La zona se ha transformado en un centro de espiritualidades alternativas completo, con negocios que venden cristales, piedras con propiedades especiales y pequeñas pirámides. Estas ideas muchas veces se combinan con manifestaciones de espiritualidad popular como las devociones al Gauchito Gil o a la Difunta Correa. También ha crecido en Argentina la popularidad de las prácticas espirituales de los habitantes originarios como el ofrecimiento de ofrendas a la Pachamama (una palabra de origen quechua que significa «madre tierra»).

Lo que estas manifestaciones de espiritualidad tienen en común es la libertad con que las personas eligen y descartan elementos según su propio criterio. Todo vale. Recuerdo la visita a la casa de una mujer de clase media alta que en su sala de estar exponía un libro de Santa Teresa de Ávila apoyada en una estatua del Buda. La nueva moda son las aplicaciones en el teléfono que ayudan a respirar, meditar, o practicar «mindfulness».

Ante el derrumbe de las antiguas certezas, ¿será que la única opción es que cada uno construya su propia versión de espiritualidad?

¿CÓMO LLEGAMOS AQUÍ?

Muchos pensadores consideran que las raíces del estado actual de la religión son movimientos que empezaron hace cientos de años durante la Ilustración o aún más atrás en la Reforma protestante. Sin embargo, por falta de espacio, quiero limitarme a esbozar un cuadro basado en mi propia experiencia desde los años sesenta. Este cuadro no es sistemático, pero creo que puede servir para entender cómo llegamos a un lugar histórico en nuestra cultura donde la espiritualidad autodirigida parece la mejor opción.

¿DIOS ESTÁ MUERTO?

Cuando Yuri Gagarin, el primer cosmonauta en viajar al espacio, circunnavegó el planeta en 1961, supuestamente dijo: «Aquí no veo a ningún Dios» o algo parecido. Digo «algo parecido» porque la frase rusa se ha traducido de varias formas. Y digo «supuestamente» porque algunos no atribuyen la frase a Gagarin, sino a Nikita Krushchev, quien habría dicho en un discurso algo parecido a: «Cuando Yuri Gagarin voló al espacio, no vio allá arriba a ningún Dios».

Irónicamente, en 2013, el coronel Valentín Petrov, quien habría sido íntimo amigo de Gagarin, afirmó que Gagarin nunca pronunció la famosa frase, ya que era un creyente fiel de la Iglesia Ortodoxa Rusa. Lamentablemente, Yuri Gagarin no puede desmentir o afirmar estas palabras. Murió en un accidente aéreo en 1968.

Recuerdo haber escuchado la frase de niño. Nací en Estados Unidos el mismo año del histórico vuelo espacial. Por supuesto, no recuerdo el evento en sí, pero si una buena parte de la serie de lanzamientos espaciales durante la década de 1960. Aunque no hubiera podido expresar esto en términos muy sofisticados, recuerdo la sensación que me producía pensar que detrás de los programas espaciales de la Unión Soviética y los Estados Unidos había una lucha entre sistemas de pensamiento, un conflicto de civilizaciones.

Como hijo de pastor y fiel asistente a la escuela dominical, no tenía dudas en cuanto a de qué lado estaba Dios. Ahora, muchos años después, me doy cuenta de que no era todo tan blanco y negro. El sistema soviético y sus gulags eran repudiables. Pero con el pasar del tiempo quedó en evidencia que el sistema capitalista, aunque más eficiente en la producción de bienes y riquezas, era otra versión espiritualmente vacía del materialismo.

La década de 1960 fue una época contradictoria de avance tecnológico y desintegración social. Se lograron importantes victorias en contra del racismo en Estados Unidos. A la vez, existía un malestar general que se expresó en movimientos revolucionarios en todo el mundo. La cultura *hippie* que nació en San Francisco se extendió por todo el mundo. Estudiantes en Paris se sublevaron. La Revolución

Cubana de 1959 se propagó en movimientos parecidos en Asia, África y América Latina.

No solo cosmonautas soviéticos cuestionaban la existencia de Dios. John Lennon escandalizó a muchos cuando afirmó, en agosto de 1966, que los Beatles eran más populares que Jesús.

A pesar de la controversia generada, las palabras de Lennon reflejaban la realidad del momento. En abril de ese mismo año, la revista *Time* publicó la que sería quizás su portada más controvertida en la que preguntaba: «*Is God Dead?*»[1] [¿Dios está muerto?]. Lennon vocalizó, en palabras citadas en la revista *Rolling Stone*, una opinión que ganaba terreno en el mundo occidental: «El cristianismo se irá. Va a desaparecer y reducirse. No necesito defender esto; sé que tengo razón».[2]

Los años le han dado la razón solo en parte a Lennon. Es indudable que el cristianismo histórico está en decadencia en Europa occidental. Basta observar la cantidad de iglesias vacías en las grandes ciudades del continente. No hay mejor símbolo de esta tendencia que la carcaza incendiada de la iglesia de Notre Dame en París en 2019.

Junto a la evidente decadencia del cristianismo en Europa, es irónico ver cómo la revolución cultural de los años 60 también se muestra en decadencia. La emancipación absoluta del individuo por los sacramentos del «sexo, drogas, y rocanrol» no ha producido la utopía esperada.

UNA REVOLUCIÓN SEXUAL QUE FRACASÓ

Por un tiempo, la separación del sexo de sus consecuencias biológicas —producida por los anticonceptivos, el aborto y los antibióticos— permitió la ilusión de la emancipación de antiguas restricciones puritanas frente al placer. Lo inesperado fueron las consecuencias

---

[1] «Toward a Hidden God» [«Hacia un Dios escondido»], *Time Magazine*, 8 de abril de 1966, Vol. 87, No. 14.

[2] Jordan Runtagh, «When John Lennon's 'More Popular than Jesus' Controversy Turned Ugly» [«Cuando la controversia "más popular que Jesús" de John Lennon se complicó»], *Rolling Stone*, 9 de julio de 2016.

psicológicas, espirituales y sociales. El placer sexual se separó no solo de la biología, sino también de los sentimientos. Al ser visto solo como un proceso «natural», como orinar o defecar, el sexo pierde su dimensión trascendental, deja de ser una expresión de amor y se convierte en nada más que otra necesidad biológica que requiere de atención periódica. De ahí el camino es corto al mundo pornográfico, donde el placer se busca en encuentros momentáneos facilitados por la soledad frente a una aplicación en el teléfono o una pantalla de la computadora. ¿Quién hubiera anticipado que los jóvenes de hoy tuvieran menos sexo con otras personas que las generaciones previas? ¿O que uno de los problemas más grandes de parejas jóvenes sería la impotencia varonil producida por la saturación pornográfica de sus mentes? Si a esto le agregamos la pandemia del abuso sexual, parece inevitable concluir que la revolución sexual ha llegado a su fin, dejando como legado los escombros de una cultura tradicional basada en la familia y la iglesia. Claro, como un zombi, aún sigue su curso destruyendo las bases de la identidad del individuo. Como ejemplo podríamos citar la nueva tendencia de obligar a los niños a definir su preferencia sexual cada vez a más temprana edad.

LA ADICTIVA CULTURA DE LAS DROGAS

El segundo elemento del credo *hippie* es el uso de las drogas recreativas, que ha pasado por un proceso parecido. Timothy Leary logró convencer a muchos de que el LSD (dietilamida del ácido lisérgico) representaba la puerta a una nueva conciencia, una nueva espiritualidad. Este culto produjo muchos sacrificios humanos, notoriamente entre los mismos sacerdotes del rocanrol. Janis Joplin murió de una sobredosis de heroína; Jimi Hendrix de una sobredosis de barbitúricos. El problema de la drogadicción en nuestros días es casi universal y afecta a todos los niveles de la sociedad.

¿Qué podríamos decir del rocanrol? Bob Dylan cantó *Forever Young* (eternamente joven) en 1973. Sin embargo, solo basta ver un concierto de los Rolling Stone con sus integrantes esmirriados para entender que su música es ya una reliquia histórica.

LA NUEVA CONCIENCIA

Los años 60 arrancaron con la inmensa esperanza de formar una nueva era y una nueva conciencia, pero solo dejan atrás un gran desierto cultural. En la música popular predominan videos de mujeres que sacuden sus traseros. La literatura se ha reducido al tuit de 280 caracteres. La prometedora espiritualidad alternativa de la época representada por el gurú de los Beatles, Maharishi Mahesh Yogi, se ha reducido para muchos a una aplicación en el teléfono que nos ayuda a respirar profundo por sesenta segundos y calmar los pensamientos cuando los constantes chillidos de las notificaciones del mismo aparato nos tienen al borde de un ataque de pánico.

Uno de los aspectos de esa revolución que mantiene su vigor es el intento de erradicar el sentido de culpa de nuestra cultura. Como una alarma insistente, en cada uno de nosotros pulsa la sensación de que no solo está mal el mundo, *yo* también estoy mal y soy responsable. Esta alarma que es nuestra conciencia parece no dejar de sonar a pesar de las filosofías modernas dedicadas a la deconstrucción de valores e instituciones opresoras. A pesar de los miles de millones gastados en las multiplicadas versiones de psicoterapia, las nuevas drogas psicotrópicas que entumecen la mente, las crecientes adulaciones a la autoimagen positiva, las oraciones autodirigidas en el espejo por la mañana que nos aseguran que somos buenos, capaces, lindos, en fin, pequeñas divinidades que merecemos el éxito, la conciencia sigue llamando nuestra atención. A pesar de la afición por el sexo, la pornografía en línea, las drogas, los medios sociales, la música, los deportes y más, esa sensación de culpa sigue resonando en el fondo de nuestras almas.

Mientras tanto, la cultura occidental construida por el cristianismo ha quedado tan quemada y vacía como la catedral de Notre Dame. El único valor cristiano que sigue en pie es la tolerancia, pero se ha convertido en un monstruo obeso que devora a todos los demás valores cristianos. Ante la ausencia de estos valores, no nos debe sorprender que el vacío haya dado lugar al crecimiento del islam y los extremismos políticos de izquierda y derecha. Me temo que otra generación tendrá que repetir la dura lección ya aprendida por generaciones anteriores a un alto costo de que el estado no salva a nadie y que la violencia puede incendiar hasta dejar todo en ruinas, pero no construye un hogar donde vivir en paz.

Somos libres. ¿Pero para qué? Tanta libertad ha producido solo desorientación. Nos quedan muchas preguntas. ¿Cuál es la mejor forma de vida? ¿Cómo se produce el florecimiento del ser humano? ¿Cómo llenamos el vacío del corazón que no parece satisfacerse con la acumulación de bienes materiales o la alocada búsqueda del placer? ¿Habrá una respuesta espiritual? ¿O nos tenemos que limitar a elegir entre las muchas versiones de los ciegos que encontraron el elefante? El propósito de este libro es contestar esta pregunta. Observaremos de qué forma la espiritualidad bíblica se distingue de todas las demás opciones.

¿QUÉ ES LA ESPIRITUALIDAD?

Antes de definir la espiritualidad bíblica, nos conviene definir la espiritualidad en general. Existe una gran variedad de definiciones, pero la de Alistair McGrath nos parece útil: «La espiritualidad concierne la búsqueda de una vida religiosa plena y auténtica, involucrando la coordinación de las ideas distintivas de una religión y la experiencia completa de vivir con base y dentro del marco de esa religión».[3]

Esta definición considera el modelo normativo ofrecido por algunas de las religiones principales del mundo como el budismo, el islam o el cristianismo. Por supuesto, cada individuo maneja una combinación de ideas que no siempre caben dentro de un esquema cerrado. Nuestras creencias individuales no siempre siguen un patrón preestablecido y pueden incluir ideas diversas incluyendo algunas que parecen contradictorias. Lo que quiero decir es que detrás de la espiritualidad de cada individuo hay un conjunto de ideas que conforman la cosmovisión de cada persona.

---

[3] Alistair E. McGrath, *Christian Spirituality* [Espiritualidad cristiana] (Malden, MA: Blackwell Publishing, 1999), 2.

¿Qué es la cosmovisión? Albert Wolters nos brinda una definición útil: «Es un marco exhaustivo de creencias básicas personales sobre la naturaleza de todas las cosas».[4] Incluye nuestras ideas interrelacionadas sobre el mundo, sus orígenes, la ciencia, el arte, el amor, los seres humanos, la religión, Dios, nosotros mismos, etc. En resumen, nuestras ideas sobre todas las cosas.

Nuestra espiritualidad es una de las dimensiones de nuestra cosmovisión y es la más importante por varias razones. Primero, porque se retroalimenta constantemente con nuestra cosmovisión general. Tiñe con su color todas las demás ideas — y viceversa. Segundo, porque nuestra espiritualidad sirve como puente entre nuestras creencias y nuestras acciones.

Esta segunda razón nos lleva a una segunda definición de la espiritualidad ofrecida por McGrath: «La espiritualidad es el desarrollo en la vida real de la fe religiosa de una persona; es lo que la persona hace con lo que cree».[5] Al final, todos somos teólogos. Todos tenemos ideas sobre la naturaleza de Dios, el mundo, y nuestro lugar en él. Estas ideas afectan nuestra forma de vivir en este mundo. Ahora surge la pregunta: ¿entre tantas religiones y expresiones espirituales, cual debemos elegir? Al final, ¿es solo una cuestión de gustos individuales?

LA CONFUSIÓN DE ESPIRITUALIDADES

Cuando empezamos a explorar las religiones del mundo y las diversas espiritualidades asociadas, la complejidad nos puede marear. Como sucede en la jungla, las especies se multiplican, se ramifican, se dividen y se cruzan en una infinidad de formas que dificultan cualquier intento por imponer un orden sistemático.

Entre las religiones principales encontramos el judaísmo, el islam, el cristianismo, el budismo y el hinduismo. Existen importantes variaciones aun dentro de estas religiones. El hinduismo, por ejemplo, consiste en una gran variedad de prácticas y cultos como el vaisnavismo,

---

[4]Albert Wolters, *La creacion recuperada* (Medellín: Poiema Publicaciones, 2013), 16.
[5]McGrath, *Christian Spiritualty*, 3.

shivaísmo, shaktismo y smartismo. Pasa algo parecido en las otras religiones principales. Podríamos agregar también las espiritualidades como la cábala, el sintoísmo, la neovedanta, el transcendentalismo, el unitarismo, la teosofía, el animismo y el chamanismo. Hay más. Muchas más.

¿Cómo solucionamos el dilema de los ciegos y el elefante? ¿No sería mejor simplemente reconocer que la complejidad del universo nos imposibilita llegar a conclusiones definidas? Por lo tanto, ¿no es mejor limitarnos a buscar una espiritualidad que nos ayude de forma individual sin pretender llegar a verdades universales y válidas para todos? Es evidente que debemos demostrar tolerancia por otros, ¿pero existe la posibilidad de superar la incertidumbre de los ciegos con el elefante? La misma parábola nos da una clave.

Como toda buena parábola, la estructura del relato de los ciegos y el elefante es sencilla. Hay pocos personajes literarios: solo los ciegos y el elefante. La acción de los ciegos de examinar con sus manos al elefante y sus pronunciamientos errados nos llevan a la conclusión inescapable de que los seres humanos debemos aceptar nuestras limitaciones. Sin embargo, si en nuestra imaginación miramos de nuevo la escena encontramos otra figura. Un personaje menos visible, pero tan protagonista como cualquiera de los ciegos. ¿Quién es esta figura misteriosa? A lo mejor lo adivinaron: el narrador.

El relato solo funciona porque hay un narrador que ve todo y relata la historia. Ahora consideremos esto, ¿qué pasaría si el narrador participara en la escena? Si se acercara a los ciegos para enseñarles la verdadera naturaleza del elefante. Eso no es imposible. Muchas obras literarias son narradas por una figura involucrada en la trama de la historia. Entonces, nace otra pregunta: ¿existe alguna figura que puede ocupar ese papel en nuestra propia búsqueda espiritual?

Capítulo 2

Construir una espiritualidad propia

A lo largo de la historia de la humanidad, los pueblos y civilizaciones han expresado su sentido de lo trascendente a través de diversas manifestaciones. En nuestros días ha surgido un campo de estudio académico denominado «religión comparada», que está dedicado al estudio de la multiplicidad de expresiones religiosas de la raza humana. La clásica *Enciclopedia de Religión* editada por Mircea Eliade, el famoso historiador de la religión del siglo XX, consiste en 16 volúmenes y pesa 25 kilogramos. Otra enciclopedia de religión voluminosa publicada por Macmillan pesa 35 kilos. ¿Cómo hacemos para absorber tanta información? ¿Existen categorías que nos pueden ayudar a ordenar esta infinidad de datos?

El estudio de los orígenes históricos de cada religión nos proporciona un camino para acercarnos al tema. Por ejemplo, podemos notar que existen dos grandes fuentes de espiritualidad en el mundo. Del subcontinente indio proceden el hinduismo y las religiones asociadas como el budismo, el jainismo y el sijismo. De Palestina, la otra gran fuente, surgen las tres grandes religiones conocidas como las *del libro*: el judaísmo, el cristianismo y el islam. Sin embargo, enseguida nos damos cuenta de que este método, aunque algo iluminador, deja fuera muchas religiones, incluyendo las de los pueblos originarios del nuevo mundo.

Podríamos analizar las interconexiones entre religiones, es decir, aquellas cosas que tienen en común. Por ejemplo, en la antigüedad, las religiones paganas intercambiaban conceptos, dioses y prácticas. Un ejemplo de esto es que en distintas culturas del mundo antiguo se le rendía culto al toro. En Sumeria, el toro se asociaba con el dios Marduk. En India se asocia con Shiva. Los israelitas, en la época del éxodo, fueron reprendidos por Moisés por fabricar un ídolo en forma de becerro. En épocas del Imperio romano se celebraba el *taurobolio*, el sacrificio de un toro. Quedan retazos de esta práctica en las corridas de toro que existen en ciertos países de cultura hispánica hasta el día de hoy.

Otra forma de análisis sería la filosófica. Podríamos distinguir, por ejemplo, entre religiones monistas como el budismo y dualistas como el zoroastrismo o el maniqueísmo. El monismo es la idea de que el universo en realidad consiste en una sola cosa, sustancia o principio. Según el dualismo existen dos principios que compiten y se equilibran. En realidad, esta explicación es excesivamente sencilla. Solo queremos ilustrar que el análisis filosófico ofrece una forma de abordar el tema de la religión en sus variadas manifestaciones.

Hay otras formas de hacer este análisis, pero el propósito de este libro es entender la respuesta que la espiritualidad bíblica ofrece al dilema de los ciegos y el elefante que vimos en el capítulo anterior. Esta respuesta se encuentra en toda la Biblia. En especial en la enseñanza de Jesús mismo se nos sugiriere una forma muy sencilla de entender todas las religiones y espiritualidades del mundo.

SOLUCIONAR EL DILEMA DE LOS CIEGOS Y EL ELEFANTE

Para entender la solución al dilema de los ciegos y el elefante, primero debemos pensar un poco en la identidad de Jesús. Casi de forma universal, Jesús es reconocido como una gran figura de la espiritualidad mundial. Sin embargo, muchos nunca han leído los documentos que contienen Su enseñanza. Los cuatro Evangelios (Mateo, Marcos, Lucas y Juan) tienen como propósito presentar a Jesús como el Mesías, el Rey y Salvador del mundo, Dios hecho hombre.

Es posible que Su carácter no sea lo que hubiéramos esperado porque presenta una extraña combinación de cualidades. Por ejemplo, la grandeza y la autoridad natural coexisten con la humildad, la mansedumbre y la sencillez. Como ningún otro maestro, Sus enseñanzas presentan verdades de insondable profundidad, pero son presentadas de una forma tan accesible que aun las personas menos ilustradas las pueden aprovechar. Su misión en el mundo es tan maravillosa como Su identidad. Los cuatro Evangelios coinciden en que Jesús es Dios hecho hombre y que vino para redimirnos de nuestros pecados y darnos vida eterna.

Todo esto muchas veces se acepta como dogma o afirmación casi incuestionable por personas que han nacido en occidente. Lo cierto es que es posible, por un lado, aceptar algo de forma teórica sin tener muy claras sus implicaciones o, por otro lado, creerlo de verdad. Cuando empezamos a tomarlo en serio nos puede parecer hasta surrealista. ¿Será cierto? Esto no debe sorprendernos porque aun a los discípulos de Jesús les pasó algo parecido. Les llevó tiempo absorber las implicancias de la identidad de Jesús. Por lo tanto, para ayudarnos a los que estamos más lejos en la historia, inventaron un nuevo género literario: el evangelio, un relato de las buenas nuevas. Narrando los hechos, las palabras y los encuentros de Jesús con distintas personas, un evangelio va revelando, como abriendo una cebolla capa por capa, la identidad de Jesús.

En el Evangelio de Juan encontramos muchas pistas sobre la identidad de Jesús en Sus palabras, Sus hechos, y Sus encuentros con distintas personas. En uno de estos encuentros hallamos la respuesta a nuestro dilema. Juan describe el encuentro nocturno entre Jesús y un hombre importante, líder político y religioso, llamado Nicodemo (Juan 3). Jesús le ofrece una enseñanza que lo deja con la boca abierta: el nuevo nacimiento. En el próximo capítulo veremos la importancia de esta enseñanza como el comienzo de la genuina espiritualidad. Pero por ahora observaremos la respuesta de Jesús a una importante pregunta implícita.

Cuando Jesús le dice a Nicodemo que debe nacer de nuevo, este le pregunta: «¿Cómo puede uno nacer de nuevo siendo ya viejo? ¿Acaso puede entrar por segunda vez en el vientre de su madre y volver a nacer?» (Juan 3:4). Jesús entiende, aunque no es muy fácil verlo a simple vista, que detrás de esta pregunta hay una segunda pregunta implícita. Nicodemo le está preguntando: «¿Con qué autoridad dices esto?». Esto explica por qué Jesús le responde de esta forma: «Te aseguro que hablamos de lo que sabemos y damos testimonio de lo que hemos visto personalmente, pero ustedes no aceptan nuestro testimonio. Si les he hablado de las cosas terrenales, y no creen, ¿entonces cómo van a creer si les hablo de las celestiales?» (Juan 3:11-12). Jesús está afirmando que basa Su enseñanza en experiencia propia. Para subrayar esto ofrece una frase misteriosa: «Nadie ha subido jamás al cielo sino el que descendió del cielo, el Hijo del hombre» (Juan 3:13).

¿Qué significa esto? Aquí Jesús se identifica como el Hijo del Hombre. A primera vista, nos puede parecer una referencia a la humanidad de Jesús. En realidad, es esto y más. Tanto Jesús como Nicodemo eran estudiosos de las Escrituras judías. Por lo tanto, es posible que Nicodemo hubiera reconocido en las palabras de Jesús la referencia a una figura misteriosa que aparece en el Antiguo Testamento, específicamente en el Libro de Daniel, donde él tiene una visión del cielo donde aparece esta figura misteriosa:

> «Seguí mirando en las visiones nocturnas, y he aquí, con las nubes del cielo venía uno como un Hijo de Hombre, que se dirigió al Anciano de Días y fue presentado ante Él. Y le fue dado dominio, gloria y reino, para que todos los pueblos, naciones y lenguas le sirvieran. Su dominio es un dominio eterno que nunca pasará, y su reino uno que no será destruido» (Dan. 7:13-14, LBLA).

Para contestar a las dudas de Nicodemo, podríamos decir que Jesús se identifica con esta figura divina y mesiánica del libro de Daniel. Por lo tanto, la autoridad espiritual de Jesús se basa en Su identidad divina y en Su experiencia única: «Damos testimonio de lo que hemos visto personalmente». Jesús puede hablar de verdades celestiales porque viene de aquella dimensión eterna que, en comparación con nuestra realidad, es apenas una sombra. Como Jesús dice en otra parte: «Yo hablo de lo que he visto en presencia del Padre...» (Juan 8:38).

Ahora, para encontrar la solución al dilema de los ciegos y el elefante, recordamos la frase de Jesús: «Nadie ha subido jamás al cielo sino el que descendió del cielo, el Hijo del hombre» (Juan 3:13). Aquí se sugieren dos categorías para las religiones. Primero, aquellas religiones que se construyen desde abajo por esfuerzo humano con el fin de llegar a Dios. Segundo, la que existe porque Dios irrumpió en el tiempo y el espacio en forma de hombre para traernos buenas noticias desde los cielos. Entonces, existe la espiritualidad que *construimos* y la espiritualidad que se nos *revela*.

ESPIRITUALIDADES CONSTRUIDAS POR NOSOTROS

En el próximo capítulo nos centraremos en la espiritualidad revelada por Jesús, quien vino del cielo. En este capítulo vamos a examinar las espiritualidades construidas. A pesar de la gran diversidad de expresiones espirituales en el mundo, vamos a encontrar que todas las espiritualidades construidas tienen un factor en común: dependen de los seres humanos.

En la Biblia encontramos la descripción de un ejemplo prototípico de la espiritualidad construida, es decir, la que busca llegar a Dios por ingenio y esfuerzo humano. El libro de Génesis relata la construcción de la torre de Babel. Los humanos estaban distanciados de Dios. El pecado de sus ancestros, Adán y Eva, los había llevado al destierro del huerto del Edén y la pérdida de la paz y abundancia de la que gozaban. Ahora sus descendientes buscaban un proyecto que les diera fama, unidad social y los acercara a ese estado bendecido que se había perdido. Entonces dijeron: «Construyamos una ciudad con una torre que llegue hasta el cielo» (Gén. 11:4). Sin embargo, Dios deshizo el proyecto confundiendo su lengua para que no se pudieran entender entre ellos. Este relato explica el origen de las migraciones humanas por el mundo, la diversidad de sus idiomas y sus religiones.

Para muchos el relato es mítico, pero los hallazgos arqueológicos dan evidencia de la construcción de torres parecidas en el antiguo mundo mesopotámico: los zigurats. Las pirámides de Egipto representan un fenómeno similar —enormes construcciones que facilitaban la transmisión del alma del faraón al inframundo. En las Américas, los mayas, aztecas y otros pueblos también construyeron pirámides. Versiones de estas construcciones se levantaron aún en lo que hoy es Estados Unidos. El ejemplo conocido más imponente es el de Cahokia Mound, cerca de la ciudad de St. Louis.

Todas estas construcciones se hicieron a gran costo humano. Poblaciones enteras fueron sometidas a esclavitud para lograr levantar esos edificios. El costo se incrementó con los sacrificios humanos que muchas veces se celebraban en sus cúspides. Las pirámides en realidad son símbolos tangibles de estas antiguas cosmovisiones y sus espiritualidades. No todas las espiritualidades dejan rastros arquitectónicos tan imponentes y duraderos, pero todas terminan marcando de alguna forma las culturas de los pueblos y las vidas de los individuos.

EL EJEMPLO DEL BUDISMO

Es natural que los occidentales consideremos al budismo como un ejemplo emblemático de una espiritualidad no cristiana. La imagen que viene a la mente no es de imponentes estructuras como las pirámides, sino quizás de un monje silencioso que medita en un templo rodeado de un paisaje idílico. La imagen de tranquilidad transmitida es atrayente. Sin embargo, a pesar de la gran diferencia estética entre las religiones de las pirámides y el budismo, ambas comparten una característica clave: demandan un enorme esfuerzo humano.

El budismo enseña cuatro nobles verdades. Primero, la vida es sufrimiento. Segundo, la causa del sufrimiento son nuestros deseos. Estos deseos no solo incluyen el deseo por el placer, sino también el mismo deseo de vivir, de continuar transitando por el infinito ciclo de vida, muerte, y reencarnación (*samsara*). Tercero, el sufrimiento se elimina extinguiendo el deseo, es decir, borrando el *yo* del individuo. La meta es escapar del *samsara* al extinguirse en el nirvana. Esto no es lo que el cristianismo entiende como el paraíso. Nirvana se refiere a la pérdida de identidad del individuo al ser absorbido por el gran todo —una llama que se extingue en el viento.

¿Cómo se logra el nirvana? Siguiendo los pasos del noble sendero óctuple. ¿En qué consisten las ocho etapas? Primero, visión correcta: adoptar las creencias budistas del karma y el renacimiento, entre otras cosas. Segundo, pensamiento correcto: formar la intención de renunciar a los placeres sensuales y otras cosas de la vida que distraen. Tercero, hablar correcto: no mentir o decir cosas hirientes. Cuarto, acción correcta que incluye no matar y practicar la castidad sexual. Quinto, adoptar medios de vida correctos: para los monjes incluye, entre otras cosas, mendigar por su comida. Sexto, esfuerzo correcto: incluye eliminar todo pensamiento sensual que interrumpe la meditación. Séptimo, atención plena correcta: implica concentración absoluta en el momento. Octavo, concentración correcta: lograr la unificación de la mente por las cuatro *jhanas*.

¿Y que son las *jhanas*? Son cuatro estados mentales difíciles de lograr. Se requieren años de meditación y autoprivación. En realidad, muy pocos logran la iluminación del Buda incluso a través del sufrimiento de muchas vidas. Alcanzar el nirvana es más difícil que construir una pirámide.

LA ESPIRITUALIDAD ORIENTAL EN OCCIDENTE

En occidente existen budistas convencidos de que buscan seguir fielmente las pautas de alguna de las versiones tradicionales de esa religión. Pero en general en occidente las versiones de las religiones orientales que consumimos difieren significativamente de las versiones originales.

El famoso gurú de los Beatles, Maharishi Mahesh Yogi (1918 – 2008), nos ofrece un ejemplo del hinduismo en occidente o, para ser más preciso, el neohinduismo o neovedanta. Maharishi enseñaba la meditación trascendental que tuvo mucha influencia en su momento. Versiones del hinduismo como las que adoptaron los Beatles han sufrido la poda de muchos elementos que pudieran ofender nuestras sensibilidades occidentales. Conservan cierto exotismo, pero no exigen, por ejemplo, que el adepto occidental tome un voto como los *Sadhu* de absoluta castidad sexual y pobreza, ni tampoco que viva desnudo en la calle mendigando su comida. Es decir, conservan la sensación de que el individuo construye su propia espiritualidad, pero con un mínimo de esfuerzo e incomodidad.

El neohinduismo tiene sus raíces en la época colonial cuando el hinduismo entró en contacto con las ideas de la Ilustración occidental. Su primera gran figura fue el Raja Ram Mohan Roy (1772-1833), un genio multifacético considerado el padre del renacimiento bengalí. De una familia de brahmines comprometidos con el visnuismo, entró en contacto con misioneros cristianos y repudió el estado del hinduismo de su día. Intentó reformar las prácticas más horribles del hinduismo como el *sati,* la cremación de la viuda con vida junto a su marido fallecido o el abandono de los infantes no deseados a los cocodrilos. Mohan Roy fue admirador de Jesús, pero no estaba dispuesto a aceptar la doctrina de la trinidad. Fundó una organización religiosa llamada el Bramoh Samaj que celebraba cultos con elementos tomados de las reuniones de iglesias evangélicas. Como aquellas iglesias, El Brahmo Samaj ponía énfasis en la vida comunitaria, pero reemplazó la Biblia por las Vedas, los textos religiosos antiguos de la India.

Ram Mohan Roy fue repudiado por elementos conservadores del hinduismo, pero de su hinduismo modificado descienden muchas figuras de la India moderna incluyendo Gandhi. Irónicamente, lo que se consume en Occidente es una versión liviana del hinduismo pasado por el filtro del cristianismo. Aun así, existen aspectos que les cuesta digerir a los occidentales. La conclusión de John Lennon luego de que los Beatles pasaran tres meses en el ashram de Maharishi fue: «Aquí nos equivocamos. Creemos en la meditación, pero no en Maharishi y sus ideas. Creíamos que era otra cosa».[6]

LA NUEVA ESPIRITUALIDAD INDIVIDUALIZADA DE OCCIDENTE

La tendencia histórica de nuestra raza de satisfacer sus inquietudes espirituales construyendo sistemas de esfuerzo propio ha tomado

---

[6]David Chiu, «The Beatles in India» [«Los Beatles en la India»], *Rolling Stone,* 12 de febrero de 2018.

matices muy particulares en la cultura de Occidente en nuestros días. ¿De dónde surge en realidad el credo de «soy espiritual, pero no religioso»? Aunque la nueva espiritualidad en Occidente contiene muchos elementos prestados de Oriente, para entender sus raíces tenemos que entender nuestra propia cultura. Las espiritualidades orientales sufren varias modificaciones al ser importadas a Occidente. Desconectadas de su contexto histórico y social original, se vuelven otro producto de nuestra sociedad consumista. Se modifican sus requerimientos, minimizando el verdadero sacrificio y se potencia la injerencia del individuo. Son la dupla perfecta de la cosmovisión posmoderna.

Desde la época del Renacimiento se han producido cambios importantes en la cosmovisión de Occidente. Uno de estos cambios es la inversión de la relación entre el individuo y la sociedad. Las personas encontraban su identidad en su contexto cultural, religioso y familiar durante la Edad Media. Pero desde la época de los pensadores de la Ilustración como Rousseau, la identidad se ha entendido cada vez más como algo que debe ser generado desde el interior de la persona y no impuesta desde afuera.

El concepto del valor del individuo encuentra sus raíces en el judeocristianismo. La Biblia enseña que los seres humanos fuimos creados según la imagen de Dios (Gén. 2). Por ende, cada ser humano tiene un valor intrínseco que supera cuestiones de clase social, sexo, raza, inteligencia, belleza, fuerza, o cualquier otra característica que nos puede diferenciar bajo la óptica de los demás. De aquí nacen los grandes movimientos por los derechos civiles que tomaron auge en ambientes evangélicos en el siglo XVIII y que llevaron a la prohibición de la trata de esclavos. Sin embargo, en la oscilación del péndulo entre la sociedad y el individuo —y entre el individuo y Dios— se ha perdido el equilibrio expresado en la narrativa bíblica.

EL INDIVIDUO SOBERANO

Para explicar ciertos rasgos de la posmodernidad, el filósofo canadiense Charles Taylor plantea la existencia del *individuo expresivo.*

Taylor emplea dos palabras griegas: *poiesis* y *mimesis*. La primera palabra, *poiesis*, significa algo hecho, producido, o creado. *Mimesis* se refiere a lo que se imita o se copia. Carl Trueman, un renombrado teólogo e historiador inglés, comenta: «La visión mimética considera que el mundo tiene un orden dado y un significado preestablecido que los seres humanos deben descubrir para conformarse a él. *Poeisis*, por contraste, considera el mundo como materia cruda de la cual el valor y el propósito pueden ser creados por el individuo».[7]

El *individuo expresivo* construye su propia cosmovisión, sus valores y propósito, siguiendo como regla principal su propia condición subjetiva interna. De ahí el valor supremo de la autoexpresión. Lo que siente es determinante de la realidad y se autorrealiza al expresar esa realidad interna de forma externa. A la vez, rechaza cualquier imposición de valores externos o ajenos. Por ende, hasta el género se define acorde a los sentimientos y no al ADN.

Como hemos visto, existe una relación estrecha entre nuestra cosmovisión y nuestra espiritualidad. No es de extrañar, por lo tanto, que la espiritualidad del *individuo expresivo* sea heterogénea, incluso contradictoria. El individuo arma su propia espiritualidad según sus propias percepciones de su necesidad. Si la espiritualidad del individuo parece quimérica, como el monstruo de las fábulas griegas, armado de las partes de diversas criaturas, es completamente coherente con el dogma central de la soberanía absoluta del individuo.

NAVEGAR EL VACÍO ESPIRITUAL

Esta forma de entender el lugar del ser humano en el mundo parece ofrecer una libertad digna de celebración. Sin embargo, Charles Taylor reconoce que «se produce una sensación de pérdida, si no de Dios, por lo menos de significado».[8] Según Taylor, esta mentalidad, «tiene su lado oscuro porque el individualismo se centra en el

---

[7]Carl Truman, *The Rise and Triumph of the Modern Self* [El surgimiento y el triunfo del ser moderno] (Wheaton: Crossway, 2020), 39.

[8]Charles Taylor, *A Secular Age* [Una época secular] (Cambridge, Massachusetts: Belknap Press, 2007), 552.

individuo, y esto aplana y limita nuestras vidas, privándolas de sentido y disminuyendo nuestra preocupación por otros y la sociedad».[9] Es decir, se trata de la cosmovisión de la selfi. Es agradable sentirme el centro de mi universo, pero al final es un circuito cerrado. Como Narciso, no veo nada más que mi propio reflejo.

La visión posmoderna ha obnubilado la belleza misteriosa de la vida. John Lennon cantó «*Imagine there is no heaven*» («Imagina que no hay paraíso»):

Imagina que no hay paraíso.
Es fácil si lo intentas.
No hay infierno debajo de nosotros,
Arriba nuestro, solo cielo.
Imagina a toda la gente
Viviendo el presente.[10]

Lennon tiene razón. Podemos imaginar un mundo sin Dios. Pero el precio es muy alto. Un mundo sin pautas divinas implica un mundo sin culpa y castigo. Pero en lo profundo, mi corazón todavía me dice que soy culpable y no hay quien me perdone si no hay Dios.

Tengo la teoría de que la gran popularidad de las obras de J. R. Tolkien en nuestra época responde a esta sensación de que nuestras vidas, aunque supuestamente más libres, han perdido profundidad de significado. Tolkien y su amigo C. S. Lewis escribieron obras de fantasía y ciencia ficción permeadas de una visión cristiana del universo y el lugar que le corresponde al ser humano. En sus obras existen altos picos nevados y profundos abismos sumidos en oscuridad. La belleza es tangible, deseable y digna de ser amada, anhelada y buscada. La vida tiene valor y la muerte es terrible porque apaga la belleza radiante del amor. El bien y el mal existen, y no son meramente construcciones sociales que pueden o no tener utilidad. No

[9]Charles Taylor, *The Ethics of Authenticity* [La ética de la autenticidad] (Cambridge, Massachusetts: Harvard University Press, 1991), 4.
[10]Lennon, John. «Imagine» [«Imagina»], Imagine. 1971. https://open.spotify.com/track/7pKfPomDEeI4TPT6EOYjn9?si=RDJXWLRsTV-uB7Si0aL3_Q

todo tiene explicación y hay misterios que solo Dios abarca. Uno de los misterios más grandes es que Dios usa a los hombres y las mujeres para lograr Sus propósitos inescrutables.

Al *individuo expresivo* de Charles Taylor le podemos dar un nombre con connotaciones teológicas: *individuo soberano*. Es capitán de su propia vida. Sin embargo, con tanta libertad hay poca satisfacción. Irónicamente, encontramos que son pobres y limitados los materiales que excavamos de nuestras almas para construir pirámides o zigurats. Por esto, en un mundo de miles de millones de individuos libres de crear sus propias identidades, hay tan pocas opciones y las que hay se vuelven insípidas. Es como navegar por la televisión a través de centenares de opciones de programas y películas sin que nada capte tu interés.

Ser creador y artífice de la vida propia produce mucho estrés y poca satisfacción. Entonces, como *individuos soberanos* estamos convencidos de que existe la opción de crear una espiritualidad propia hecha a medida. Una espiritualidad que nos puede calmar los nervios, bajar el estrés y orientarnos en este mundo ya desprovisto de señalamientos que nos guíen. De la religión de nuestra familia conservamos algo, pero eliminamos aquello que simplemente no nos gusta, nos hace sentir culpa o nos exija demasiado compromiso. Sumamos algún libro de autoayuda que nos convence de nuestro gran potencial como ser humano si tan solo entendemos que somos seres divinos y creadores de nuestro propio destino. Agregamos a esa mezcla un poco de conciencia social para sentirnos buenas personas. Sazonamos todo con elementos exóticos del oriente o de religiones originarias del nuevo mundo y de nuestra imaginación emerge una espiritualidad individualizada. Lamentablemente, si somos sinceros, tiene sabor a muy poco.

Vale la pena preguntarnos, como individuos soberanos, si en lugar de estar escuchando con atención y esmero la voz de nuestro propio corazón, en realidad podríamos estar escuchando otra voz que ya encontramos en la narrativa de la creación en el libro de Génesis: «Pero la serpiente le dijo a la mujer: "¡No es cierto, no van a morir! Dios sabe muy bien que, cuando coman de ese árbol, se les abrirán los ojos y llegarán a ser como Dios, conocedores del bien y del mal"» (Gén. 3:4-5).

Capítulo 3

El encuentro transformador

S i, al fin y al cabo, todos somos ciegos por igual, no nos queda otra opción que ir palpando al elefante lo mejor que podamos. Solo nos quedan las opciones del escepticismo radical, no creer en nada, o alternativamente, quizás sea preferible optar por la espiritualidad *poiética*. Esta es la espiritualidad que construimos basándonos en lo que sentimos, en nuestras propias intuiciones y lo poco que podamos conocer tanteando por el mundo. Si esta espiritualidad sirve para transmitirnos un poco de paz, bienvenida sea.

Pero si aparece un verdadero vidente, un profeta, un representante de Dios —si Dios mismo se nos acerca— todo cambia. Sus palabras nos orientarían y nos darían esperanza. La espiritualidad *mimética* sería aquella en la que buscamos imitar un modelo que no hemos generado nosotros mismos. Se aceptaría este modelo como estándar de vida basándonos en una autoridad exterior a nosotros. Poder seguir confiadamente una espiritualidad *mimética* dependerá de poder aceptar la fuente de autoridad que la propone como auténtica. Por esto, las palabras de Jesús tienen tanta trascendencia: «Te aseguro que hablamos de lo que sabemos y damos testimonio de lo que hemos visto personalmente...» (Juan 3:11).

Esa es la razón por la que tiene gran trascendencia la idea central de este capítulo: «Dios nos busca». En el Evangelio de Lucas, Jesús explica Su misión en palabras muy sencillas: «Porque el Hijo del hombre vino a buscar y a salvar lo que se había perdido»

(Luc. 19:10). Esta idea es tan fuerte que la encontramos en todos los Evangelios. Jesús nos busca. En el proceso, Él nos revela los verdaderos contornos de la realidad espiritual y el modelo de vida a seguir.

JESÚS ENCUENTRA UNA MUJER SAMARITANA

Ya hemos hablado del encuentro de Jesús con Nicodemo. En el capítulo siguiente del Evangelio de Juan encontramos el relato de otro encuentro de Jesús, en este caso con una mujer de la región de Samaria. Jesús pronuncia en ese encuentro una frase revolucionaria que nos puede servir como introducción a la espiritualidad bíblica: «Pero se acerca la hora, y ha llegado ya, en que los verdaderos adoradores rendirán culto al Padre en espíritu y en verdad, porque así quiere el Padre que sean los que le adoren» (Juan 4:23).

El encuentro de Jesús con la samaritana contiene varias sorpresas. Para empezar, esta historia comienza con la decisión de Jesús de tomar un camino inesperado. El texto dice: «Salió de Judea y partió otra vez para Galilea. Y tenía que pasar por Samaria» (Juan 4:3-4, LBLA). Viajar desde Jerusalén a Galilea era común. Lo que sorprende es que tuviera que pasar Samaria.

Los judíos y los samaritanos no se llevaban bien. El camino más corto entre Jerusalén y Galilea pasaba por Samaria y tardaba solo unos dos días y medio. El camino más largo tomaba el doble de tiempo y pasaba por el caluroso desierto del valle del río Jordán. A pesar de esto, era común que los viajeros dieran la vuelta larga porque entre judíos y samaritanos había un conflicto permanente y peligroso.

Luego de caminar durante la primera parte del día mientras atravesaba Samaria, Jesús y Sus discípulos llegaron a un pozo de agua conocido como «el pozo de Jacob». Los discípulos entraron al pueblo en busca de comida, pero Jesús se quedó hablando con una mujer desconocida. Esto también era muy inusual: que un judío hablara con un samaritano, en especial una mujer. Sorprende aún más cuando detalles del texto revelan que era una mujer de mala reputación. La mujer le muestra su extrañeza: «¿Cómo se te ocurre pedirme agua, si tú eres judío y yo soy samaritana?» (Juan 4:9) En esencia, la mujer le está preguntando: «¿Con qué propósito me hablas?».

Cuando leemos un libro, a veces nos cuesta entender su significado o la intención del autor. No ocurre así con el Evangelio de Juan. El autor nos explica su propósito al final del libro: «Jesús hizo muchas otras señales milagrosas en presencia de sus discípulos, las cuales no están registradas en este libro. Pero estas se han escrito para que ustedes crean que Jesús es el Cristo, el Hijo de Dios, y para que al creer en su nombre tengan vida» (Juan 20:30-31). Estas palabras representan la clave interpretativa de todo el Evangelio de Juan y nos ayudan a entender la conversación sorprendente de Jesús con la mujer. Las palabras de Jesús revelan Su identidad y la samaritana se encuentra ante la necesidad de aceptarlo o rechazarlo.

A la pregunta de la mujer, Jesús respondió: «Si supieras lo que Dios puede dar, y conocieras al que te está pidiendo agua, tú le habrías pedido a él, y él te habría dado agua que da vida». Confundida, la mujer contesta: «Señor, ni siquiera tienes con qué sacar agua, y el pozo es muy hondo; ¿de dónde, pues, vas a sacar esa agua que da vida?». ¿Sintió que Jesús invadía su espacio personal? La mujer parece percibir las palabras como una agresión sutil y levanta las barreras de su identidad y valor: «¿Acaso eres tú superior a nuestro padre Jacob, que nos dejó este pozo, del cual bebieron él, sus hijos y su ganado?» (Juan 4:12).

En el relato encontramos que la mujer levanta distintos elementos de su propia identidad como escudos: etnia, género y religión. Es como si le dijera a Jesús: «Yo soy samaritana y tu judío». «Yo soy mujer y tu hombre». «Yo comulgo en este templo y tú en Jerusalén». Además, busca responder con cierto sarcasmo, pero las palabras de Jesús empiezan a penetrar hasta lo más profundo de su ser. Al final la mujer responde: «Señor, dame de esa agua para que no vuelva a tener sed ni siga viniendo aquí a sacarla» (Juan 4:15).

Ninguno de sus escudos funcionó. Jesús la sorprende con un pedido desconcertante: «Ve a llamar a tu esposo, y vuelve acá». La mujer responde de inmediato, como tratando de terminar la conversación: «No tengo esposo». Las siguientes palabras de Jesús estallaron como una bomba que penetró en lo más profundo de su realidad: «Bien has dicho que no tienes esposo. Es cierto que has tenido cinco, y el que ahora tienes no es tu esposo. En esto has dicho la verdad» (Juan 4:16-18).

NUESTRA REACCIÓN A JESÚS

¿Cuál sería nuestra respuesta frente a este hombre que lee mentes y corazones? Me intriga la diferencia entre las reacciones de personajes de la Biblia al encontrarse con Dios y personas adeptas a la espiritualidad en sus distintas versiones modernas. Los que hoy dicen ser «espirituales, pero no religiosos» hablan de experiencias positivas, de sentirse unidos al *gran todo*, de experimentar un despertar de conciencia que no se puede describir, pero que deja una sensación de paz. Sin embargo, los encuentros con Jesús muchas veces resultaron incómodos.

Lucas nos presenta una reacción prototípica. Jesús hace un gran milagro y Pedro, quien recién lo está conociendo, de repente percibe con inusual claridad la identidad de Jesús y le dice: «¡Apártate de mí, Señor; soy un pecador!» (Luc. 5:8). La presencia de Jesús pone de relieve la impureza de su corazón. Es la misma reacción de terror y la vergüenza de Adán y Eva, quienes se escondieron cuando Dios los buscaba después de haber pecado. De forma parecida, el profeta Isaías, cuando vio una manifestación divina en el templo, clamó: «¡Ay de mí, que estoy perdido! Soy un hombre de labios impuros» (Isa. 6:5).

La revelación de la identidad de Jesús tiene un importante efecto secundario: también revela con claridad meridiana la condición de nuestra alma. La verdadera santidad nos incomoda a los que no somos santos. Expone la falsedad de nuestros rostros maquillados y disimuladores de nuestra realidad. No nos permite vestir nuestras infidelidades con palabras poéticas. Somos como la mujer samaritana que levantó como escudos una variedad de justificaciones propias o nos escondemos directamente. Como dijo Jesús: «la humanidad prefirió las tinieblas a la luz, porque sus hechos eran perversos» (Juan 3:19).

La mujer samaritana deja su cántaro atrás y vuelve al pueblo. Les dice a los hombres, «Vengan a ver a un hombre que me ha dicho todo lo que he hecho» (Juan 4:29). ¿Por qué dice que les habló a los hombres? ¿Será que las mujeres celosas del pueblo no le hablaban a ella? ¿Será porque los hombres del pueblo tuvieron un rol en todo eso que ella había hecho? Hay cierta ambivalencia en el cuadro de la mujer que encontramos en el relato. ¿Los cinco matrimonios por los que pasó implican una condición de víctima? ¿Qué significa que no les haya hablado primero a las mujeres del pueblo? ¿Fue víctima y victimaria a la vez? Todos lo somos. Todos hemos sido heridos por el pecado de otros y todos hemos herido con nuestro pecado. Es muy incómodo quedar expuesto bajo la luz brillante de la presencia de Dios.

El trato de Jesús con la mujer samaritana parece casi brutal. Pero el médico a veces debe violentar la integridad de nuestros cuerpos para sanarnos. Nos inyecta un medicamento o nos abre con un bisturí. Como lo hemos dicho, la mujer samaritana buscó esconderse del médico del alma detrás de una serie de caretas: su identidad étnica, su género y la religión tradicional de su pueblo. Pero una tras otra fueron destruidas hasta quedar con el alma expuesta frente a sus ojos. La mujer encuentra la paz cuando entiende quién es Jesús, quién era ella y acepta el agua de vida que el Señor le ofreció. Junto a ella, todo un pueblo samaritano acepta como su Mesías a este rabino judío:

Muchos de los samaritanos que vivían en aquel pueblo creyeron en él por el testimonio que daba la mujer: «Me dijo todo lo que he hecho». Así que cuando los samaritanos fueron a su encuentro le insistieron en que se quedara con ellos. Jesús permaneció allí dos días, y muchos más llegaron a creer por lo que él mismo decía.

— Ya no creemos solo por lo que tú dijiste —le decían a la mujer—; ahora lo hemos oído nosotros mismos, y sabemos que verdaderamente este es el Salvador del mundo (Juan 4:39-42).

El encuentro con Jesús produce fe en el corazón de la samaritana. La fe transforma y salva. Quizás pensamos que la fe es algo generado desde nuestro interior, de nuestro propio ser. También la entendemos como una cualidad personal que algunos por naturaleza poseen y otros no tanto. Lo cierto es que la fe es algo que debemos ejercitar, pero no es algo que podamos crear o generar por nuestra propia cuenta. Nos llega como regalo. Es producto del encuentro transformador con Jesús. Pablo explica lo que podríamos llamar la mecánica o el orden de la fe: «Así que la fe viene como resultado de oír el mensaje, y el mensaje que se oye es la palabra de Cristo» (Rom. 10:17).

Observamos este patrón en la mujer samaritana. Las palabras de Jesús derrumbaron muchos elementos de su cosmovisión, incluso de su propia autoimagen. Sin embargo, cuando se encontró indefensa ante la mirada de Jesús, descubrió el perdón y el amor. Su transformación se vuelve evidente en su afán por hablar de Jesús a los del pueblo. Ellos creen también porque la verdadera fe es contagiosa.

LA ESPIRITUALIDAD REVELADA

La revelación divina nos sorprende cuando menos lo esperamos. En medio de nuestra vida cotidiana se hacen visibles realidades profundas e inmensas más allá de nuestro entendimiento. Surgen de repente frente a nuestra vista como una ballena que rompe la superficie del mar. Una de esas realidades que emergen de las profundidades es la naturaleza personal de Dios. Él nos viene a buscar con el fin de relacionarse con nosotros. La espiritualidad bíblica no solo consiste en conceptos teológicos abstractos. Es esto, pero mucho más. Dios nos ama y nos busca como individuos. Jesús no solo vino para salvar al mundo en términos generales, sino que vino a buscar a la mujer samaritana de forma particular.

Me pregunto, ¿por qué no se menciona el nombre de la mujer de Samaria en el texto bíblico? No tengo una respuesta certera, pero especulo que podría ser por lo siguiente. El evangelio fue escrito por Juan, el discípulo de Jesús, muchos años después de los hechos, cuando Juan ya era un hombre anciano. Cuando ocurrió el encuentro inicial, los discípulos todavía conservaban las actitudes típicas de su época. Esto podría hacernos pensar que no se preocuparon por conocer el nombre de una mujer samaritana. Entonces, lamentablemente, el anciano Juan no recordaba su nombre. Sin embargo, Jesús sí conocía su nombre. Y Jesús conoce tu nombre.

UN MISTERIO DEVELADO

Juan no recordaba el nombre de la mujer samaritana, pero Jesús le adelantó ciertas enseñanzas que aún no había terminado de compartir con Sus discípulos más allegados. Más adelante vamos a ver cómo estas enseñanzas marcan profundamente la espiritualidad bíblica.

Dios es personal. No es solo una fuerza o influencia difusa. No es un principio abstracto o la suma de todas las cosas. Por medio de Jesús entramos en contacto con la fuente de toda personalidad en el universo. Esa personalidad no es menos definida y particular que nuestra propia personalidad. Es más definida. Más particular. Así como Dios actúa de forma sobrenatural, descubrimos que es también «superpersonal».

Juan introduce esta superpersonalidad al comienzo de su Evangelio: «En el principio ya existía el Verbo, y el Verbo estaba con Dios, y el Verbo era Dios. Él estaba con Dios en el principio. Por medio de él todas las cosas fueron creadas; sin él, nada de lo creado llegó a existir. En él estaba la vida, y la vida era la luz de la humanidad» (Juan 1:1-4). En los últimos capítulos del mismo Evangelio, Jesús les enseña de forma más detallada a los discípulos sobre la naturaleza trinitaria de Dios. Sin embargo, esa superpersonalidad se vislumbra en el encuentro con la mujer samaritana en los primeros capítulos del Evangelio.

Este tema es uno de los más complicados de la teología, pero Jesús corre un poco la cortina del misterio trinitario ante los ojos de la mujer. Le explica que la verdadera espiritualidad ya no dependerá de ningún templo, ni en Jerusalén ni en el monte Gerizim, sino que el Dios trinitario busca de forma personal a Sus adoradores. Jesús, el segundo miembro de la Trinidad, abre las puertas a la verdadera adoración del

Padre, el primer miembro de la Trinidad. Esta adoración depende del tercer miembro, por medio de quien adoramos «en espíritu y verdad».

EL NUEVO NACIMIENTO

Jesús le ofreció el agua de vida a la mujer samaritana. Jesús ofrece vida en Su nombre en reiteradas oportunidades: «Yo soy el pan de vida», «Yo soy la luz del mundo», «Yo soy el camino, la verdad, y la vida». Vimos la misma enseñanza en el relato del encuentro de Jesús con Nicodemo (Juan 3). Hemos visto como en medio de una conversación sobre espiritualidad, Jesús le dice algo sorprendente: «Tienen que nacer de nuevo» (Juan 3:7).

La espiritualidad bíblica comienza al tomar el agua, al comer el pan, al nacer de nuevo. La imagen del nuevo nacimiento es una descripción llena de significado. Habla de la experiencia cuando, de forma repentina, nos encontrarnos en un universo enorme y luminoso donde lo primero que vemos es la cara radiante y llena de amor de Dios el Padre.

El nacimiento, tanto físico como espiritual, no es algo que producimos por voluntad propia. Juan escribe en su Evangelio: «Mas a cuantos lo recibieron, a los que creen en su nombre, les dio el derecho de ser hijos de Dios. Estos no nacen de la sangre, ni por deseos naturales, ni por voluntad humana, sino que nacen de Dios» (Juan 1:12-13). Otra forma de decirlo es que esta nueva vida nos llega de Dios y por gracia. Es un regalo divino que no merecemos. Pablo lo explica de la siguiente manera: «Porque por gracia ustedes han sido salvados mediante la fe; esto no procede de ustedes, sino que es el regalo de Dios» (Ef. 2:8).

En las primeras décadas del siglo XVIII se produjo un despertar de fe en el mundo tan grande que los historiadores lo llaman «El gran avivamiento». Una de las figuras más importantes de este avivamiento fue George Whitefield, un predicador inglés que predicaba al aire libre porque no había edificio donde entraran las multitudes que llegaba a convocar. Su predicación era elocuente, pero su mensaje sencillo nunca se desviaba del tema del nuevo nacimiento. Se dice que un conocido le preguntó por qué predicaba tantas veces sobre la frase de Jesús: «Tienen que nacer de nuevo» (Juan 3:7). Mirándolo, George Whitefield le respondió con sencillez: «Porque "tienen que nacer de nuevo"».

C. S. Lewis escribe: «El cristianismo no es resultado de un debate filosófico sobre los orígenes del universo; es un acontecimiento histórico con carácter de cataclismo».[11] Con esta frase, Lewis describe la naturaleza de la encarnación, es decir, la venida de Jesús al mundo. Pero también puede describir nuestra propia experiencia individual. Este cataclismo se produce con la entrada en forma humana de Dios al mundo. Cristo llega de esa misma forma a la vida de cada uno de nosotros. No lo inventamos o producimos a través de recursos propios internos. Nos llega como una invasión divina a nuestras vidas, un atropello de gracia y bondad. Produce un cambio radical, una transformación existencial.

Jesús representa mucho más que al narrador en nuestra parábola de los ciegos y el elefante. El narrador describe lo que no vemos en nuestra ceguera, pero seguimos siendo ciegos. Jesús, en cambio, nos ofrece nuevos ojos. Jesús sana a un hombre ciego de nacimiento en el Evangelio de Juan. Jesús le pone barro en los ojos y lo manda a lavarse. Luego de lavarse recibió la vista. Esto causó una gran controversia. Las figuras religiosas salieron a debatir la legitimidad del milagro alegando que Jesús era un hombre pecador. El ciego curado destruye todos sus argumentos cuando responde sencillamente: «Si es pecador, no lo sé. Lo único que sé es que yo era ciego y ahora veo» (Juan 9:25).

C. S. Lewis describe esta nueva percepción de la siguiente manera: «Creo en el cristianismo, así como creo que el sol ha salido. No solo porque lo veo, sino porque gracias a que lo veo puedo ver todo lo demás».[12] Agustín de Hipona describe la misma transformación con las siguientes palabras:

---

[11]C. S. Lewis, *El Problema del Dolor* (Santiago de Chile: Editorial Universitaria, 1990), 24.
[12]C. S. Lewis, *Peso de la Gloria* (Nashville: Harper Collins Español, 2016), 137.

¡Tarde te amé, Hermosura tan antigua y tan nueva, tarde te amé! Y Tú estabas dentro de mí y yo afuera, y así por fuera te buscaba; y, deforme como era, me lanzaba sobre estas cosas hermosas que tú creaste. Tú estabas conmigo, mas yo no estaba contigo. Me retenían lejos de ti aquellas cosas que, si no estuviesen en ti, no existirían. Me llamaste y clamaste, y quebrantaste mi sordera; brillaste y resplandeciste, y curaste mi ceguera; exhalaste tu perfume, y lo aspiré, y ahora te anhelo; gusté de ti, y ahora siento hambre y sed de ti; me tocaste, y deseé con ansia la paz que procede de ti.[13]

El apóstol Pablo lo describe de forma más contundente: «Él nos libró del dominio de la oscuridad y nos trasladó al reino de su amado Hijo, en quien tenemos redención, el perdón de pecados» (Col. 1:13-14).

UN TESTIMONIO PERSONAL

Recuerdo cuando conocí a Jesucristo. Tenía 11 años y era hijo de un pastor, por lo que entendía la teoría. Sabía que todos somos pecadores y necesitamos recibir el perdón de Dios. Sabía que Jesús murió por nuestros pecados y que el perdón se recibía cuando por fe confesábamos esos pecados y nos arrepentíamos, confiando en la obra de Jesucristo. Sabía que no era por méritos propios y que todo dependía de la gracia de Dios. Pero era solo teoría.

Las responsabilidades de mi padre lo obligaban a viajar continuamente durante mi infancia. Mis hermanos y yo reaccionábamos haciéndole la vida difícil a mi madre. Recuerdo que me sentía muy turbado y esto generaba en mí una gran rebeldía. Empecé a faltar a la escuela. Cuando bajaba del auto cada mañana, entraba por una puerta a la escuela y salía por la otra. Mi mamá se vio abrumada por mis rebeldías y un día llamó a mi padre por teléfono para que hablara conmigo. Recuerdo que mi padre me preguntó por qué me comportaba de esa manera. Entre llantos le empecé a explicar que

---

[13]Agustín de Hipona, *Confesiones* (Buenos Aires: Editorial Bonum, 2000), 233.

en realidad todo era su culpa porque nunca estaba en casa. No tenía amigos en la escuela porque nos habíamos mudado tantas veces y ahora nos íbamos a mudar de nuevo, esta vez a un país lejano llamado Argentina donde no jugaban al fútbol americano.

Recuerdo que mi papá estuvo un tiempo en silencio. Cuando habló me dijo que por más que todo eso fuera cierto, desobedecer a mi madre y hacerla sufrir era pecado. Luego me dijo: «Tu principal problema no es conmigo, es con Dios». Esas palabras me cayeron como un balde de agua helada que me dejaron un rato en silencio. En ese momento vi con perfecta claridad que tenía razón.

Mi padre añadió: «El problema más grande que tienes es que no conoces a Jesús como tu Salvador». Fue como si otra luz se encendiera en mi alma. Me di cuenta de que conocía la teoría, pero no la realidad. Mi papá me sugirió que colgara el teléfono y que le pidiera a mi madre que orara conmigo. Así lo hice. Recuerdo haber orado algo muy sencillo reconociendo ante Dios mi rebeldía contra Él y pidiendo que me perdonara y me limpiara con la sangre de Cristo.

Sentí una sensación casi física de un peso que se me levantaba. De repente, me sentí limpio. Entendí lo que quiso decir Pablo cuando escribió: «Por lo tanto, si alguno está en Cristo, es una nueva creación. ¡Lo viejo ha pasado, ha llegado ya lo nuevo!» (2 Cor. 5:17). La sensación me recuerda a las mañanas después de una larga noche de tormentas, cuando salimos a disfrutar de un día soleado. La lluvia deja limpias las calles, las gotas todavía cuelgan de las ramas de los árboles como diamantes llenos de luz y encontramos todo hecho nuevo.

Por el Espíritu de Dios, la verdad transformadora me había liberado y me había encontrado con Cristo mismo. Más de 2000 años después del encuentro con la mujer samaritana, Jesús todavía nos busca en lugares inesperados.

Capítulo 4

El encuentro con Cristo en la cruz

L a experiencia misma del nuevo nacimiento no sigue siempre un patrón exacto. En algunos casos no se observa como la conversión inmediata que describimos en el último capítulo. Otras veces la luz aumenta de forma gradual y se va percibiendo poco a poco. En todos los casos, llegamos a entender de forma existencial la gran necesidad que tenemos por causa de nuestro pecado y el valor de la salvación ofrecida por Jesucristo. Este entendimiento produce una reacción de fe que se manifiesta en un profundo arrepentimiento.

Hemos llegado a esbozar a grandes rasgos dos categorías de espiritualidad: las espiritualidades construidas por los seres humanos (*poiéticas*) y la bíblica que nos llega como revelación de gracia de parte de Dios (una espiritualidad *mimética*). En este capítulo queremos observar más de cerca la gravedad de nuestra condición sin Cristo. Esta reflexión nos ayudará a entender por qué es necesario el remedio extremo de la cruz.

Hemos hablado de nuestra ceguera espiritual. Somos todos como los pobres ciegos que descubrieron al elefante. Sin embargo, el defecto de nuestra condición humana es más serio que la de una mera falta de información. Lamentablemente, los remedios caseros de las espiritualidades que fabricamos no alcanzan para solucionar nuestro problema.

La gravedad de nuestra condición también explica por qué es tan importante el nuevo nacimiento. No es suficiente que hagamos un esfuerzo por cambiar o por reformarnos. Podríamos pensar: ¿no bastaría hacer una lista de cualidades personales junto con ciertas virtudes deseables, para luego comenzar un plan de perfeccionamiento personal tal y como lo hacemos cuando queremos perder peso? Aunque no lo crean, existen aplicaciones para el móvil que ayudan a perder peso y no solo eso, también nos ayudan a formar nuevos hábitos. El problema radica en que queremos creer que todos somos esencialmente buenos y que, con un poco de esfuerzo, una aplicación en nuestro móvil y una pequeña ayuda de Dios, una pequeña pizca de gracia, podremos llegar a ser mejores personas.

El profeta Isaías no piensa de la misma manera: «Todos somos como gente impura; todos nuestros actos de justicia son como trapos de inmundicia. Todos nos marchitamos como hojas; nuestras iniquidades nos arrastran como el viento» (Isa. 64:6).

¡No puede ser!, pensamos. *¡Hago lo mejor que puedo! ¡Nadie es perfecto! ¡Tengo buenas intenciones!* Lamentablemente, no llegamos a entender la gravedad del asunto.

LA IMAGEN ESTROPEADA

¿Se acuerdan del caso tan publicitado de la pintura mural de Jesús llamada *Ecce Homo*? La pintura del artista Elías García Martínez en una iglesia de Borja, España, llegó a ser noticia mundial cuando una mujer anciana, de muy buenas intenciones, decidió restaurarla en 2012. El resultado fue caricaturesco, pero no tenía nada de gracioso. La fina imagen de Cristo fue transformada en algo que fue descrito como un «esbozo de un mono muy peludo vestido con una túnica de una talla inadecuada».[14] Esa es la mejor representación de nuestros mejores intentos por restaurarnos a nosotros mismos.

Los seres humanos hemos sido creados según la imagen de Dios y representamos la cúspide de la creación divina. Dios nos puso en este planeta como Sus representantes para cuidar de Su creación. El salmista escribe:

---

[14]https://www.bbc.com/news/world-europe-19349921

Cuando contemplo tus cielos,
   obra de tus dedos,
la luna y las estrellas que allí fijaste,
me pregunto:
   «¿Qué es el hombre, para que en él pienses?
   ¿Qué es el ser humano, para que lo tomes en cuenta?»
Pues lo hiciste poco menos que Dios,
   y lo coronaste de gloria y de honra:
lo entronizaste sobre la obra de tus manos,
   todo lo sometiste a su dominio (Sal. 8:3-6).

La trágica ironía de la caída es que el hombre, creyendo la mentira satánica de poder alcanzar la divinidad, perdió su puesto de enorme honra y privilegio dentro de la creación.

La imagen divina con la que fuimos creados fue estropeada por nuestro pecado. Sumemos a esto nuestras supuestas buenas intenciones cuando nos creemos capacitados para arreglar lo que hemos dañado. No solo nos falta la pericia suficiente, sino que nuestra percepción es tan defectuosa que no podemos distinguir entre la obra maestra del Dios Creador y nuestras propias atrocidades.

Para ayudarnos a entender la hermosura de la creación original y poder compararla con el actual estado de nuestras almas, Dios nos ha dado Su ley. La ley funciona como un modelo de la perfección moral. Es un elemento clave de la espiritualidad *mimética* — la espiritualidad revelada en la Biblia. Sin embargo, encontramos que somos incapaces de cumplirla, «porque el que cumple con toda la ley, pero falla en un solo punto ya es culpable de haberla quebrantado toda» (Sant. 2:10).

Desde mi adolescencia he practicado la pintura al óleo como hobby. No diría que soy gran artista, pero lo disfruto mucho. Para el que quiere pintar bien, no hay mejor ejercicio que copiar una obra de un maestro como, por ejemplo, uno de mis preferidos, el pintor español Diego Velázquez (1599-1660). Estudiar un cuadro de Velázquez detalladamente enseña muchas cosas sobre la técnica. También enseña que uno no es Velázquez. Por más que uno prepare el lienzo de forma parecida, use la misma paleta de colores, imite la bravura de sus pinceladas, la copia nunca se parecerá al original.

La ley de Dios nos revela lo mismo. Pablo describe nuestra condición con esta frase, «No alcanzan la gloria de Dios». (Rom. 3:23, LBLA) Nuestro pecado nos limita tanto que no percibimos la gloria de Dios y, para colmo, nos atrevemos a mancharla inventando reglas propias. El apóstol termina señalando la triste realidad: «No hay un solo justo, ni siquiera uno; no hay nadie que entienda, nadie que busque a Dios. Todos se han descarriado, a una se han corrompido. No hay nadie que haga lo bueno; ¡no hay uno solo!» (Rom. 3:10-12).

Como la mujer de Borjas, cada pincelada nuestra daña más la imagen pintada por el Creador. La horrenda gravedad del pecado se hace evidente en el violento peso del castigo infligido a Cristo. La ira de Dios cayó sobre Su Hijo, quebrantándolo en cuerpo y alma. Una angustia inimaginable arrancó de Su pecho el clamor: «Dios mío, Dios mío, ¿por qué me has desamparado?» (Mat. 27:46).

UNA DUDA FILOSÓFICA

Uno de los misterios más grandes del universo es: ¿si Dios es un Dios de amor, por qué permitió un mundo lleno de injusticia, sufrimiento y muerte? El cristianismo no ofrece una respuesta directa a este misterio porque «lo secreto le pertenece al SEÑOR nuestro Dios» (Deut. 29:29). El buen teólogo se parece al buen científico: no avanza más allá de lo que la evidencia le permite. El teólogo depende de la revelación y en las Escrituras no encontramos la respuesta directa a esta pregunta.

Sin embargo, aunque no hay datos revelados en la Biblia que nos permitan adivinar las intenciones eternas de Dios, los hechos de Dios en el tiempo revelan mucho sobre Su carácter y Sus propósitos. Esto no termina de resolver el dilema filosófico, pero ofrece un consuelo real que no existe en otros sistemas de pensamiento. El ateísmo, por ejemplo, resuelve el dilema alegando que Dios simplemente no existe. El problema es que junto a esta conclusión no le queda otra opción que afirmar que el sufrimiento y la injusticia son elementos naturales del universo. El dogma darwiniano de la supervivencia del más fuerte no permite el rechazo de la muerte como fenómeno que existe en el universo. La muerte es solo un mecanismo que avanza la evolución de las especies.

La Biblia afirma todo lo contrario: la muerte es un enemigo por derrotar. Una cosmovisión bíblica entiende que la injusticia, el sufrimiento y la muerte son los terribles resultados de nuestro pecado. No son simplemente procesos naturales, sino aberraciones horribles. La culpa es nuestra y no de Dios.

Además, Dios no se mantiene al margen ante esa realidad mortal. Dios se introduce en nuestro mundo en la persona de Jesús y comparte esta vida de penurias con nosotros. No solo eso, sino que cumple a la perfección la ley divina que nosotros estropeamos producto de nuestro incumplimiento. Jesucristo elige morir en nuestro lugar. La respuesta de Dios al dilema de cómo resolver el sufrimiento y la muerte se encuentra en la cruz. Esta respuesta no satisface nuestra curiosidad filosófica, pero suple nuestra necesidad vital más profunda.

Ante la injusticia, el sufrimiento y la muerte, Dios responde con el amor: «En esto consiste el amor: no en que nosotros hayamos amado a Dios, sino en que él nos amó y envió a su Hijo para que fuera ofrecido como sacrificio por el perdón de nuestros pecados» (1 Jn. 4:10). Jesús y Su sacrificio resuelven el dilema que produce la existencia del mal en el mundo porque «muy cercano está para salvar a los que le temen, para establecer su gloria en nuestra tierra. El amor y la verdad se encontrarán; se besarán la paz y la justicia» (Sal. 85:9-10).

Nosotros no tenemos la capacidad de cumplir con la perfección de la ley divina y así restablecer por nuestra propia cuenta la imagen divina en nosotros. Por eso la respuesta está en Jesucristo y, por lo tanto, «... lo que la ley no pudo hacer, ya que era débil por causa de la carne, Dios lo hizo: enviando a su propio Hijo en semejanza de carne de pecado y como ofrenda por el pecado, condenó al pecado en la carne» (Rom. 8:3, LBLA). Cristo revirtió en la cruz la maldición del pecado.

El islam rechaza la encarnación. Jesús solo fue un profeta y la idea de Dios en forma humana es repugnante para el Corán. Sin embargo, la Biblia enseña que la encarnación fue necesaria para nuestra salvación porque solo Cristo encarnado podía tomar nuestro lugar en la cruz. La gloria de Cristo se revela en Su incomprensible humildad: «… tomando la naturaleza de siervo y haciéndose semejante a los seres humanos. Y, al manifestarse como hombre, se humilló a sí mismo y se hizo obediente hasta la muerte, ¡y muerte de cruz!» (Fil. 2:7-8).

Esta respuesta no contesta todas las preguntas filosóficas que podríamos formular. Existen aspectos de la realidad que nos sobrepasan y no podemos examinar desde nuestra perspectiva limitada. Es parecido a lo que ocurre dentro de un agujero negro en el espacio, donde la luz no puede superar lo que los científicos llaman el horizonte de sucesos. De la misma forma, los propósitos de Dios formulados en la eternidad no son accesibles a nosotros al menos que Dios decida revelarlos. Sin embargo, debemos entender que la cruz de Cristo revela todo lo que nos hace falta saber sobre el carácter divino y la realidad humana. Él es un Dios humilde, lleno de amor y gracia y por la obra de Cristo nos abre el camino de la salvación a los seres humanos que estábamos muertos en nuestros delitos y pecados.

LA CENTRALIDAD DE LA CRUZ

La espiritualidad bíblica siempre pasa por la cruz. En esta sección observaremos algunas perspectivas que nos ayudan a dimensionar su importancia. Primero, la muerte de Jesús produce un sacrificio aceptable. Ya hemos hablado del gran misterio de la creación y de la pregunta *¿cómo puede ser que un Dios justo haya permitido un mundo con tanta injusticia?* Resulta irónico que pocas veces formulamos esta pregunta desde la perspectiva de Dios: *¿Cómo puede un Dios justo tolerar la existencia de una raza malvada como la nuestra?* La solución, nuevamente, la encontramos en la cruz.

El sacrificio de Cristo representa la propiciación perfecta a la ira de Dios. La palabra «propiciación» es una palabra bíblica muy importante. Se refiere al sacrificio que por su naturaleza satisface los santos requerimientos de la ley divina. Entre otras cosas, el sacrificio no podía tener defectos o impurezas. Pablo nos explica que Dios, en Su intachable justicia, no puede tolerar de forma indefinida al pecado en el mundo. El carácter justo de Dios se expresa en Su santa cólera, Su repudio y Su juicio: «Ciertamente, la ira de Dios viene revelándose desde el cielo contra toda impiedad e injusticia de los seres humanos, que con su maldad obstruyen la verdad». (Rom. 1:18). Dios no es relativista. La verdad absoluta existe y todos nuestros intentos por manipularla a nuestro favor incrementan nuestra culpa.

Sin embargo, en la cruz se resuelve el dilema de la ira justa de Dios contrapuesta con Su infinita misericordia. Esto se logra a través de la naturaleza del sacrificio. Cristo representa la propiciación perfecta. Pablo escribe que los pecadores podemos ser «justificados gratuitamente mediante la redención que Cristo Jesús efectuó» (Rom. 3:24). Pablo sigue explicando que esto es posible porque Dios acepta a Jesús «como propiciación por su sangre a través de la fe, como demostración de su justicia, porque en su tolerancia, Dios pasó por alto los pecados cometidos anteriormente» (Rom. 3:25, LBLA).

Extrañamente, la justicia de Dios permite que una persona inocente sufra en lugar de nosotros, los culpables. El Hijo de Dios murió por nosotros a pesar de Su propia inocencia intachable. Dios lo tolera «a fin de que Él sea justo y sea el que justifica al que tiene fe en Jesús» (Rom. 3:26, LBLA). Dios es el justo justificador. A diferencia de un juez corrupto que recibe un soborno, el mismo Juez Santo ha pagado nuestra pena. Sin faltar a Su propia justicia impecable, encuentra en la muerte de Jesús la forma de responder con misericordia en vez de ira a los que creen en Jesús.

La cruz de Cristo, al satisfacer la ira justa de Dios, logra nuestra redención, nuestra justificación y nuestra reconciliación. Éramos esclavos antes de ser redimidos. El mundo entero «está bajo el control del maligno» (1 Jn. 5:19). Por temor a la muerte, las personas estamos sujetas a la esclavitud toda la vida (Heb. 2:15). Sin embargo, por la cruz somos librados «del dominio de la oscuridad y nos trasladó al reino de su amado Hijo, en quien tenemos redención, el perdón de pecados» (Col. 1:13-14.).

Además, somos justificados por medio de la obra de Jesucristo en la cruz. Esto quiere decir que somos declarados libres de culpa judicial ante la corte suprema de Dios. Nuestras ofensas son perdonadas: «El que no escatimó ni a su propio Hijo, sino que lo entregó por todos nosotros, ¿cómo no habrá de darnos generosamente, junto con él, todas las cosas? ¿Quién acusará a los que Dios ha escogido? Dios es el que justifica» (Rom. 8:32-33). Si Dios nos declara justos, ¿quién nos condenará? La respuesta obvia es que nadie: «Por lo tanto, ya no hay ninguna condenación para los que están unidos a Cristo Jesús» (Rom. 8:1).

Es increíble que no solo se nos perdone toda ofensa, sino que también se atribuye a nuestra cuenta la justicia moral de Cristo. Como un hombre pobre con una gran deuda, al que no solo se le perdona la deuda, sino también se le deposita una gran fortuna en su cuenta. Pablo declara:

> Es más, todo lo considero pérdida por razón del incomparable valor de conocer a Cristo Jesús, mi Señor. Por él lo he perdido todo, y lo tengo por estiércol, a fin de ganar a Cristo y encontrarme unido a él. No quiero mi propia justicia que procede de la ley, sino la que se obtiene mediante la fe en Cristo, la justicia que procede de Dios, basada en la fe (Fil. 3:8-9).

En otro lugar resume: «Al que no cometió pecado alguno, por nosotros Dios lo trató como pecador, para que en él recibiéramos la justicia de Dios» (2 Cor. 5:21).

Por último, somos reconciliados con Dios por medio de la cruz. Pasamos de ser enemigos de Dios a ser Sus amigos. En realidad, más que amigos. Por la cruz de Jesucristo somos hechos hijos adoptivos de Dios: «En otro tiempo ustedes, por su actitud y sus malas acciones, estaban alejados de Dios y eran sus enemigos. Pero ahora Dios, a fin de presentarlos santos, intachables e irreprochables delante de él, los

ha reconciliado en el cuerpo mortal de Cristo mediante su muerte»
(Col. 1:21-22). Junto con la reconciliación, recibimos una misión:

> Todo esto proviene de Dios, quien por medio de Cristo nos
> reconcilió consigo mismo y nos dio el ministerio de la recon-
> ciliación: esto es, que en Cristo, Dios estaba reconciliando al
> mundo consigo mismo, no tomándole en cuenta sus pecados
> y encargándonos a nosotros el mensaje de la reconciliación
> (2 Cor. 5:18-19).

¿CÓMO SOMOS SALVOS?

Por la cruz, somos redimidos, justificados y reconciliados con Dios.
¡Somos salvos! Ahora preguntamos: ¿cuáles son los mecanismos
espirituales que producen estos efectos? Sabemos que la gravedad
de nuestra condición en el pecado requiere el remedio drástico de
la cruz. Solo la cruz puede producir en nosotros el cambio radical
necesario. ¿De qué forma lo hace?

Este cambio, la regeneración —es decir, el nuevo nacimiento— y
la salvación del alma son dos cosas íntimamente relacionadas. Van de
la mano. Somos salvos cuando nacemos de nuevo. Debemos entender
que las dos cosas son obras directas de Dios porque Él toma la iniciativa. Nos busca y nos rescata, nos redime, nos revive, nos transforma.

Entonces, ¿nosotros no hacemos nada? En realidad, tenemos un
papel. De nuestra parte hay dos actos que se relacionan como cara y
sello de una moneda: la fe y el arrepentimiento. Debemos entender
que tanto la fe como el arrepentimiento son repuestas de nuestra
parte al movimiento del Espíritu de Dios en nuestras almas. Son las
consecuencias naturales de la nueva vida generada en nosotros por
el Espíritu.

Hemos comparado recibir la fe con el ciego que recibe la vista.
El ciego puede decir correctamente: «¡Veo!», pero ve porque otro
le dio la vista. Al poder ver, inevitablemente transita por la vida
de otra forma. De la misma manera, el arrepentimiento fluye como
consecuencia natural de la fe recibida. Nos arrepentimos porque

repentinamente vemos, aunque imperfectamente, la horrible gravedad de nuestros pecados. A la vez, vemos las consecuencias de nuestros pecados. Como el ciego que recibe la vista al borde de un abismo y aterrorizado toma otra dirección y vuelve atrás. Gracias a Dios, los nuevos ojos de la fe nos permiten ver la mano fuerte del Salvador extendida hacia nosotros para tomarnos antes de que perezcamos.

Cuando Pablo habla de vivir en Cristo por fe, no está hablando de una fe genérica (Gál. 2:20). Así como mucha gente dice: «Soy espiritual, pero no religioso», muchos otros dicen: «Tengo mucha fe». Sin embargo, no se detalla en qué se tiene fe. Nos preguntamos si será en la gente, en la democracia o en uno mismo. Muchas veces resulta que se trata de nada más que fe en la fe. Sin embargo, la fe se parece al amor: necesita un objeto. Debemos creer en algo. No basta decir soy una persona de mucho amor si ese amor nunca encuentra un objeto.

Jesús le explicó a Nicodemo cuál es el objeto de la fe necesaria para la salvación: «Como levantó Moisés la serpiente en el desierto, así también tiene que ser levantado el Hijo del hombre, para que todo el que crea en él tenga vida eterna. Porque tanto amó Dios al mundo que dio a su Hijo unigénito, para que todo el que cree en él no se pierda, sino que tenga vida eterna» (Juan 3:14-16). Jesús se refiere a un relato del Antiguo Testamento cuando el pueblo de Israel peregrinaba por el desierto. El pueblo se rebeló contra Dios y Él envió al campamento serpientes venenosas que mordían a la gente (Núm. 21:4-9). Pero también ofreció un remedio. Cualquiera que simplemente mirara una representación de una serpiente sobre una asta levantada por Moisés en medio del campamento, era sanado. De la misma forma, nosotros somos salvos cuando, con los ojos de la fe, miramos a Jesús crucificado por nuestros pecados.

La fe y el arrepentimiento se producen en nosotros por obra del Espíritu Santo. La obra del Espíritu continúa la obra previa de Jesús a nuestro favor en Su encarnación. Pablo explica: «Pero Dios demuestra su amor por nosotros en esto: en que cuando todavía éramos pecadores, Cristo murió por nosotros» (Rom. 5:8). Esta obra previa de Cristo se aplica a nuestras almas por el Espíritu Santo. El Espíritu nos convence de nuestro pecado (Juan 16:8). El Espíritu nos lava y nos regenera: «Él nos salvó, no por nuestras propias obras de justicia, sino por su misericordia. Nos salvó mediante el lavamiento de la regeneración y de la renovación por el Espíritu Santo, el cual fue derramado abundantemente sobre nosotros por medio de Jesucristo nuestro Salvador» (Tit. 3:5-6). El mismo Espíritu que resucitó con poder a Jesús nos da nueva vida a nosotros (Ef. 1:19-20).

Toda la obra de Dios a nuestro favor en la salvación se puede resumir bajo un solo paraguas: la unión con Cristo. La reconciliación, la adopción, la redención, la justificación, la regeneración y, como veremos más adelante, también la santificación, son el resultado de la unión con Cristo. Por esta razón, la unión con Cristo puede considerarse como un sinónimo del cristianismo: «He sido crucificado con Cristo, y ya no vivo yo, sino que Cristo vive en mí. Lo que ahora vivo en el cuerpo, lo vivo por la fe en el Hijo de Dios, quien me amó y dio su vida por mí» (Gál. 2:20) Más adelante, consideraremos con más detalle nuestra unión con Cristo.

UNA BISAGRA HISTÓRICA

Para muchos, la cruz de Cristo representa simplemente un ejemplo que manifiesta lo más noble de los sentimientos humanos —un acto de sacrificio que nos puede inspirar, pero no transformar—. Sin embargo, la Biblia enseña que la cruz de Cristo tiene un efecto trascendental. Estamos hablando de un evento escatológico, es decir, que tendrá efectos hasta el final de la historia y marca una bisagra en la historia del mundo. El evento ocurrido hace más de dos mil años es el más decisivo para el destino de nuestra raza. Marca históricamente el desenlace del plan de Dios de restaurar, de una vez por todas, a la humanidad y la creación entera. Por lo tanto, es determinante para la vida de cada individuo.

Jesús venció en la cruz de forma definitiva el mal y ha dado garantía de la futura reversión de los efectos del pecado. Esto incluye la maldición de la muerte (Rom. 6:23). El evento escatológico de la cruz no solo abarca la muerte cruel de Jesús, sino Su resurrección. Por esto, Pablo puede clamar: «La muerte ha sido devorada por la victoria. "¿Dónde está, oh muerte, tu victoria? ¿Dónde está, oh muerte, tu aguijón?"» (1 Cor. 15:54-55).

La cruz no solo es una bisagra en la historia de nuestra raza. Para los seguidores de Cristo representa un evento bisagra en su vida personal. En su libro, *El Progreso del Peregrino*, el pastor Puritano, John Bunyan, describe alegóricamente los procesos espirituales de su protagonista llamado Cristiano. Luego de una angustiosa travesía, él llega a la cruz:

> Después, en mi sueño, vi a Cristiano ir por un camino resguardado a uno y otro lado por dos murallas llamadas salvación. Marchaba, sí, con mucha dificultad, por razón de la carga que llevaba en sus espaldas; pero marchaba apresurado y sin detenerse, hasta que lo vi llegar a una montaña, y en cuya cima había una cruz, y un poco más abajo un sepulcro. Al llegar a la cruz, instantáneamente la carga se soltó de sus hombros, y rodando fue a caer en el sepulcro, y ya no la vi más.

La experiencia del nuevo nacimiento puede variar en algunos detalles dependiendo de la persona, pero siempre nos lleva al pie de la cruz donde ocurre un intercambio: nuestros pecados por Su justicia.

Somos salvos al ser unidos a Cristo en Su cruz y en Su resurrección. Atravesamos con Jesucristo la muerte y salimos del otro lado a una nueva vida. Ahora empieza un proceso de profundo cambio, comienza la restauración. Nuestro Creador, el artista original, nos limpia, nos remienda, remueve las capas de pintura mal aplicadas y vuelve a establecer las líneas armoniosas y los colores brillantes de Su obra maestra original. Pablo habla de un proceso largo y a veces tan doloroso que se parece a un parto, «hasta que Cristo sea formado» en nosotros (Gál. 4:19). Pero todo ese proceso vale la pena porque descubrimos que la obra maestra es un autoretrato. Cristo restaura en nosotros Su propia imagen.

Capítulo 5

La Palabra transformadora

En los últimos capítulos hemos observado cómo Dios nos busca. Se encuentra con nosotros como con la mujer samaritana. Este encuentro produce en nosotros una nueva vida. La pregunta surge: ¿cómo hace Jesús para encontrarse con nosotros en nuestros días? ¿Si Jesús no se presenta ante nosotros de forma física, como se da a conocer? Encontramos la respuesta en una de las últimas oraciones de Jesús antes de Su muerte. A pesar de entender que se aproximaba la hora de Su muerte, Él rogaba por Sus discípulos. No solo pedía por Sus discípulos inmediatos: «No ruego solo por estos. Ruego también por los que han de creer en mí por el mensaje de ellos, para que todos sean uno. Padre, así como tú estás en mí y yo en ti, permite que ellos también estén en nosotros, para que el mundo crea que tú me has enviado» (Juan 17:20-21). Jesús oró por nosotros también. Mientras hacía esta oración nos indicaba cómo saldría a nuestro encuentro. Nosotros creeremos «por el mensaje de ellos».

El plan de Jesús era llegar a nosotros por medio de Sus discípulos, quienes tendrían la misión de llevar Sus palabras por el mundo. Después de Su resurrección, Jesús les dijo: «Pero, cuando venga el Espíritu Santo sobre ustedes, recibirán poder y serán mis testigos tanto en Jerusalén como en toda Judea y Samaria, y hasta los confines de la tierra» (Hech. 1:8). La misión de Sus seguidores era, y sigue siendo, la de llevar Su Palabra a todos, sin excepciones de género, raza o nivel social. Jesús busca a los que lo necesitan por medio de

Sus seguidores. Pero estos últimos no dependen de sus propias palabras, sino de la Palabra de Dios encontrada en la Biblia.

Existe una relación estrecha entre Jesús y la Palabra divina, ya que «Dios, que muchas veces y de varias maneras habló a nuestros antepasados en otras épocas por medio de los profetas, en estos días finales nos ha hablado por medio de su Hijo...» (Heb. 1:1-2). Cristo es la Palabra de Dios por excelencia. Él es el tema central de la Biblia y también su clave interpretativa. Los profetas que escribieron antes de Su llegada, inspirados por Dios, hablaban de Él. Sus discípulos que escribieron el Nuevo Testamento después de Su partida también hablaban de Él. En nuestros días, Jesús se encuentra con nosotros en las páginas de la Biblia.

EL ROL DE LA PALABRA EN LA CONVERSIÓN

Debemos aclarar que cuando decimos que Jesús se encuentra con nosotros en la Biblia, este encuentro no es con un personaje como cuando leemos otros libros. A mí me fascina la historia y me encanta conocer figuras del pasado en los libros. Un buen biógrafo o historiador puede lograr que una figura histórica cobre vida ante nuestros ojos. Podemos llegar a entender muchas cosas de sus hechos, su personalidad y sus motivaciones. Sin embargo, entendemos que nos separa una gran brecha cognitiva. No podemos conocer a una persona del pasado de la misma forma que conocemos a una persona que es contemporánea a nosotros.

Justo ahí encontramos una diferencia importante. Jesús es una figura del pasado histórico. Pero a diferencia de cualquier otra persona del pasado, Él no está muerto. Podríamos decir que también es contemporáneo nuestro. Ahora mismo reina desde los cielos y gobierno los eventos de nuestra realidad. Por medio de Su Espíritu sigue activo en el mundo y se acerca a nosotros. Por esto Sus palabras no solo nos enseñan y nos inspiran: nos cambian a nosotros al igual que lo hicieron con la mujer de Samaria.

Encontramos muchos ejemplos de este efecto transformador en la historia. El gran teólogo Agustín de Hipona nació en el norte de

África en el año 354. Su madre era cristiana devota, pero su padre mantenía las antiguas costumbres paganas típicas de los romanos. Al criarse entre estos dos polos, por muchos años le costó encontrar el significado de la vida. Era un estudiante brillante de retórica y filosofía y en su juventud siguió por un tiempo la religión persa del maniqueísmo. Pero más que nada, Agustín se dedicó a disfrutar los placeres de la vida.

Estudió en los grandes centros culturales de su día: Cartago, Roma y Milán. A pesar de su dedicación al hedonismo, le aquejaba un sentido de culpa y la sensación de que había algo más en la vida. En Milán asistía a la iglesia para oír la predicación del gran Ambrosio, pero no por un interés en el evangelio, sino por la excelencia retórica de Ambrosio.

Su conversión se produjo un día cuando, sentado en el jardín de su casa, escuchó la voz de una niña vecina que recitaba *tolle lege, tolle lege* (toma, lee). No se sabe por qué la niña repetía estas palabras, quizás formaba parte de un juego infantil. Impulsado por estas palabras, Agustín levantó una copia de las Escrituras y leyó Romanos 13:13-14: «Vivamos decentemente, como a la luz del día, no en orgías y borracheras, ni en inmoralidad sexual y libertinaje, ni en disensiones y envidias. Más bien, revístanse ustedes del Señor Jesucristo, y no se preocupen por satisfacer los deseos de la naturaleza pecaminosa». Según su propio relato, esa lectura fue como una luz que despejó toda sombra de duda.

Historias parecidas se repiten a través de la historia. Esa es la razón por la que misioneros evangélicos siempre se han empeñado en traducir la Biblia a los idiomas locales. La Biblia tiene poder transformador. Sus palabras nos pueden llegar por medio de un tratado, un video, un sermón predicado en una iglesia o el testimonio personal de algún amigo o familiar. Sea cual sea el medio usado, la Palabra de Dios siempre es poderosa.

Hace muchos años conocí un cubano que había sido marinero. Un día había decidido buscar asilo político y abandonó su barco en México. Se tuvo que esconder muchas semanas en una casa donde no había televisión. Como había una caja llena de libros se entretuvo leyendo. Cuando había leído todas las novelas decidió leer el único libro que quedaba en la caja: una Biblia. Al principio le pareció un poco aburrido, pero pasaron los días y lo que leía empezó a hablarle a lo más profundo de su corazón. Él llegó a conocer a Jesús por la simple lectura y sin que nadie le explicara. Es indudable que el Señor todavía busca seguidores que lo adoren en espíritu y verdad.

EL USO DE LAS ESCRITURAS EN OTRAS ESPIRITUALIDADES

La fe cristiana no es la única tradición espiritual que le da importancia a las palabras de sus escrituras sagradas. Sin embargo, el papel de las Escrituras en la espiritualidad bíblica difiere mucho de los usos de las palabras verbalizadas o escritas en todas las demás tradiciones. Por ejemplo, en el ocultismo se piensa que las palabras tienen poder mágico. Por el contrario, la Biblia prohíbe la magia porque representa un intento por tomar control de elementos del mundo creado que responden a la providencia del Dios soberano. El practicante no cambia el mundo físico por medio de una fórmula mágica en la espiritualidad bíblica, sino que la Palabra lo transforma espiritualmente a él.

En el islam se cree que el Corán fue dictado por Alá a Mahoma en forma directa. Un análisis de su texto revela una gran dependencia de la Biblia. Aun así, en el concepto islámico, su libro sagrado ofrece pautas y guía para el musulmán, pero no pretende tener el poder transformador que se encuentra en la Biblia. Además, a diferencia de las Escrituras, el Corán no puede ser traducido a otro idioma. Es decir, solo los que leen el árabe pueden leer la versión considerada genuina. Esta idea del islam corre en paralelo con su rechazo de la encarnación. Dios no se humilla para buscarnos. El evangelio presenta a Cristo tomando forma de siervo y Dios está dispuesto a comunicarnos Su Palabra aun cuando debe emplear, como dijo el teólogo Juan Calvino, los balbuceos de un niño.

En el hinduismo existen libros sagrados como las Vedas que relatan mitos surgidos del pasado remoto. A pesar de que muchos buscan catalogar a la Biblia también en esta categoría mitológica, un estudio cuidadoso revela importantes diferencias. Una de ellas es que el relato bíblico está firmemente arraigado en eventos históricos reales.

El jainismo, una de las importantes religiones desprendidas del hinduismo tiene sus propias escrituras. Paul Dundas, un estudioso de esta religión, escribe que al estudiar las religiones relacionadas con el hinduismo es mejor «desasociar los textos sagrados del concepto de "escrituras" en su sentido literal, tan común en las grandes tradiciones monoteístas».[15] En las tradiciones relacionadas con el hinduismo, las palabras escritas «comunican su real eficacia en la forma de sonidos repetidos en los rituales».[16] Lo que realmente cuenta es el mero sonido en sí, no el significado de las palabras. De forma relacionada, el jainismo valora el poder místico del libro como objeto sagrado y no como transmisor de conceptos entendibles. Quizás esto explique por qué en estas tradiciones no se valora la alfabetización del pueblo de la misma forma que en el judaísmo y cristianismo.

Estas actitudes han llegado a Occidente por medio de las espiritualidades neohinduista. Un ejemplo obvio se encuentra en el uso popular de mantras[17] en la meditación. Todos hemos visto alguna vez en los medios a un gurú sentado en una postura de yoga vocalizando el famoso mantra «*Ommm...*». En la meditación trascendental, el mantra varía según el seguidor, pero básicamente consiste en un sonido que se repite internamente como centro de atención. No lleva una carga semántica como una palabra, sino que sirve para producir un vacío mental que minimiza el estrés asociado con el pensamiento.

El poder transformador de las Escrituras

En la espiritualidad bíblica la Palabra sagrada tiene otra función. Produce verdaderos cambios por el peso de su contenido. La paz, por ejemplo, no es producto de vaciar la mente de pensamiento, sino de

---

[15]Paul Dundas, *The Jains* [Los jainistas]. (Londres: Routledge, 2002), 60.
[16]Ibid.
[17]Mantra: «En el hinduismo y en el budismo, sílabas, palabras o frases sagradas, generalmente en sánscrito, que se recitan durante el culto para invocar a la divinidad o como apoyo a la meditación» (RAE).

adaptar nuestras ideas a las que Dios ha revelado. El teólogo John Owen afirma que el Espíritu establece nuestra fe en y por medio de las Escrituras. El Espíritu hace esto de tres formas. En primer lugar, el Espíritu le da a las Escrituras la «cualidad permanente de luz».[18] En segundo lugar, el Espíritu le da a las Escrituras el poder de «producir efectos espirituales».[19] La Palabra tiene poder transformador y el Espíritu la aplica de forma eficaz a nuestras vidas. ¡Qué importante es entender esto para los que luchamos por ver cambios reales en nuestras vidas! En tercer lugar, «el Espíritu hace que la Palabra invada la conciencia como una palabra dirigida a cada individuo por Dios mismo, evocando el asombro y la sensación de estar bajo la presencia de Dios y la observación de Su ojo».[20]

A diferencia de lo que ocurre con los misticismos orientales, la Palabra de Dios estimula nuestro entendimiento. El salmista escribió: «Tu palabra es una lámpara a mis pies; es una luz en mi sendero» (Sal. 119:105) y transmite una luz que ilumina todo «porque en ti está la fuente de la vida, y en tu luz podemos ver la luz» (Sal. 36:9). No buscamos hacerle una «lobotomía» a nuestro entendimiento, sino clamamos: «Tus estatutos son siempre justos; dame entendimiento para poder vivir» (Sal. 119:144).

Estos salmos indican que la Palabra de Dios no solo ilumina el entendimiento, sino que también nos imparte vida. La Palabra divina se compara con el pan en toda la Biblia. Recordando la experiencia de los israelitas en el desierto, Moisés dijo: «Te humilló y te hizo pasar hambre, pero luego te alimentó con maná, comida que ni tú ni tus antepasados habían conocido, con lo que te enseñó que no solo de pan vive el hombre, sino de todo lo que sale de la boca del Señor» (Deut. 8:3) Jesús hace eco de estas palabras cuando es tentado por Satanás para que convierta una piedra en pan y le responde: «No solo de pan vive el hombre, sino de toda palabra que sale de la boca de Dios» (Mat. 4:4).

---

[18]Packer, J. I. *A Quest for Godliness* [En busca de la santidad] (Wheaton, Illinois: Crossway, 1990), 90.

[19]Ibid., 91.

[20]Ibid.

Afirmar que la Palabra transmite vida no nos debería sorprender porque estamos hablando de la misma Palabra que formó el universo: «Por la palabra del SEÑOR fueron creados los cielos, y por el soplo de su boca, las estrellas» (Sal. 33:6). Esta palabra creadora nos hace nacer de nuevo: «Pues ustedes han nacido de nuevo, no de simiente perecedera, sino de simiente imperecedera, mediante la palabra de Dios que vive y permanece» (1 Ped. 1:23).

La Palabra obra efectivamente en nosotros porque no es «… palabra humana, sino como lo que realmente es, palabra de Dios, la cual actúa en ustedes los creyentes» (1 Tes. 2:13). La Palabra nos limpia: «Ustedes ya están limpios por la palabra que les he comunicado» (Juan 15:3) y también nos santifica: «Santifícalos en la verdad; tu palabra es la verdad» (Juan 17:17).

El autor de Hebreos describe el impacto de las Escrituras de la siguiente manera:

> Ciertamente, la palabra de Dios es viva y poderosa, y más cortante que cualquier espada de dos filos. Penetra hasta lo más profundo del alma y del espíritu, hasta la médula de los huesos, y juzga los pensamientos y las intenciones del corazón. Ninguna cosa creada escapa a la vista de Dios. Todo está al descubierto, expuesto a los ojos de aquel a quien hemos de rendir cuentas (Heb. 4:12-13).

Es interesante que estas palabras describen la personalidad de Jesús expuesta en Sus encuentros con Nicodemo y la mujer samaritana (Juan 3-4). Como Jesús, la Palabra es directa, punzante, honesta e incisiva. Como Jesús, la Palabra confiere vida y satisface nuestra sed espiritual.

El catecismo mayor de Westminster resume el impacto de la palabra de Dios en nuestras vidas:

> Las Escrituras manifiestan en sí mismas que son la Palabra de Dios por su majestad y pureza; por la concordancia de todas sus partes, y por el fin que se proponen en el todo, el cual es

dar toda gloria a Dios; por su luz y poder para convencer a los pecadores, para consolar y edificar a los creyentes para la salvación; pero el Espíritu de Dios, dando testimonio con las Escrituras y por medio de ellas al corazón del hombre, es el único que puede persuadir plenamente de que son la verdadera Palabra de Dios.[21]

LA PRESERVACIÓN DE LAS ESCRITURAS

Poder tomar en nuestras manos una Biblia es casi un milagro. Hace algunos años pude asistir a una exposición de los Rollos del Mar Muerto. Los primeros de estos manuscritos fueron encontrados por dos pastores beduinos en una cueva en el año 1947. Datan del siglo I al siglo III a. C. y contienen importantes fragmentos de Isaías y otros libros del Antiguo Testamento. Eran más pequeños de lo que había imaginado, pero lo que más me conmovió era el marcado contraste entre su evidente fragilidad y su gran antigüedad. Bajo una gruesa lámina de vidrio antibalas, daban la sensación de que con apenas un suspiro se harían polvo. Más de dos milenios después de ser copiados, su mera existencia da testimonio de la providencia divina en la conservación de Su Palabra.

¿Qué puede haber generado en el pueblo judío la dedicación de copiar y preservar los textos del Antiguo Testamento a través de los siglos? Los mismos textos nos sugieren algunas claves. ¿No habrá sido la memoria nacional del temor experimentado por sus antepasados cuando al pie del monte Sinaí escucharon los truenos, vieron los relámpagos y la densa nube sobre el monte y oyeron un fuerte sonido de trompeta? (Ex. 19:16). ¿No habrá sido el recuerdo de la cara brillante de Moisés cuando bajó del monte? Se habían encontrado con Dios y les había dejado Su Palabra: «Dios habló, y dio a conocer todos estos mandamientos: "Yo soy el SEÑOR tu Dios. Yo te saqué de Egipto, del país donde eras esclavo"» (Ex. 20:1-2).

---

[21]Pregunta 4 del Catecismo mayor de Westminster.

Los judíos entendieron que debían recibir las palabras divinas y ponerlas en práctica. También aceptaron la responsabilidad de enseñarlas a sus hijos en sus familias. La Palabra se debía transmitir en todo momento, al estar en casa y al andar por el camino, al levantarse y al acostarse (Deut. 6:6). El pueblo judío aprendió dos cosas que nosotros también debemos aprender. En primer lugar, la maravilla de poseer la Biblia. En segundo lugar, que no solo de pan vive el hombre, sino que también necesita la Palabra de Dios (Deut. 8:3). Por lo tanto, no nos debe sorprender el cuidado minucioso de los escribas que generación tras generación copiaron con absoluta fidelidad la Palabra de Dios.

No solo se preocupaban por copiar fielmente los textos bíblicos, sino que llegaron a organizar toda su vida familiar y nacional alrededor de los preceptos de la Palabra de Dios. La Palabra conformaba su cosmovisión y su espiritualidad. De la misma forma, nosotros debemos permitir que la Palabra divina moldee nuestros pensamientos, nuestro actuar en todas las áreas y guíe nuestras prácticas espirituales.

Perdonen la redundancia, pero la espiritualidad bíblica siempre se distingue como una espiritualidad de la Palabra. Como ya lo he dicho, a diferencia de cualquier otro libro, la Biblia es única porque tiene poder transformador. En sus páginas fluye la vida que se revela en la personalidad única de Jesucristo. Jesús les dijo a los religiosos de Sus días: «Ustedes estudian con diligencia las Escrituras porque piensan que en ellas hallan la vida eterna. ¡Y son ellas las que dan testimonio en mi favor!» (Juan 5:39). Existen personas que leen las Escrituras con el solo fin de encontrar un error —como las autoridades judías que escuchaban los mensajes de Jesús buscando cómo atraparlo—. Pero si, por el contrario, nos acercamos a la Palabra con corazones abiertos, entonces encontraremos luz y vida. Encontraremos a Jesucristo que sale a nuestro encuentro.

Segunda parte:
TENEMOS COMUNIÓN CON DIOS

El que me ama, obedecerá mi palabra, y mi Padre lo amará, y haremos nuestra morada en él.

Juan 14:23

Capítulo 6

La unión con Cristo

M e gusta conocer lugares nuevos. Tristemente no puedo viajar a todos los lugares interesantes en el mundo y por eso me gusta ver documentales sobre lugares como la Antártida y el Monte Everest. Además, me gustan los libros sobre lugares distantes. La lectura permite absorber más información, pero un vídeo transmite movimientos, sonidos y colores difíciles de describir en un texto.

Hace varios años pude conocer Machu Picchu. ¿Han visitado alguna vez un lugar famoso y se sorprenden de que en realidad no es tan interesante? En ocasiones me ha pasado. ¡Pero no con Machu Picchu! Es evidente que se trata de una de las maravillas del mundo. Entre las muchas impresiones que tengo del lugar, me quedo con tres que solo pueden percibirse al visitar el lugar en persona. En primer lugar, es un sitio absolutamente remoto. Llegar es una odisea, aun con la ventaja de un sistema moderno de ferrocarril. En segundo lugar, ¡es muy alto! He conocido lugares de más altura en los Andes, pero solo en Machu Picchu, por lo empinado de la geografía, he tenido la sensación de caminar por las nubes. La tercera impresión fue de asombro ante las estructuras monumentales que los incas levantaron sin tecnología moderna, a pesar de la altura y lo remoto del lugar. Te lo puedo describir, pero no es lo mismo que verlo con tus propios ojos.

Pasa algo parecido con las personas. No es lo mismo saber de una persona por lo que otros nos cuentan o leer su *curriculum vitae*, que conocerlas en persona. La espiritualidad bíblica se trata de conocer de forma personal e íntima a Dios. Por la lectura de la Biblia llegamos a conocer a Dios personalmente. El mismo Espíritu que inspiró las Escrituras nos ayuda a entenderlas. Encontramos que son palabras vivientes.

COMUNIÓN CON DIOS

Unos de los nombres que se le da a Jesús en los Evangelios es Emmanuel: «Dios con nosotros» (Mat. 1:23). Este nombre marca algo muy importante sobre la encarnación. La llegada de Jesús al mundo fue la culminación de un largo proceso mediante el que Dios se iba acercando cada vez más a nosotros. Aunque nuestro pecado nos separaba, Dios puso en movimiento Su gran plan de salvación. El Antiguo Testamento revela los pasos progresivos de Su acercamiento. Distintas etapas sirvieron para ir abriendo de nuevo la posibilidad de tener comunión con Él: el pacto con Abraham, el Éxodo y el pacto con el pueblo de Israel en el desierto, la presencia de Dios en el tabernáculo y en el templo. Mientras la historia bíblica transcurría, se acercaba el momento en que, por medio de Jesús, Dios iba a restablecer la comunión plena con nosotros.

En los Evangelios encontramos a Jesús, el Dios/hombre que vivió en nuestro mundo. El apóstol Juan lo describe así: «Y el Verbo se hizo hombre y habitó entre nosotros. Y hemos contemplado su gloria, la gloria que corresponde al Hijo unigénito del Padre, lleno de gracia y de verdad» (Juan 1:14). A veces lamento no haber podido ver a Jesús en Su encarnación y haber podido decir con los discípulos: «Lo que ha sido desde el principio, lo que hemos oído, lo que hemos visto con nuestros propios ojos, lo que hemos contemplado, lo que hemos tocado con las manos, esto les anunciamos respecto al Verbo que es vida» (1 Jn. 1:1). Sin embargo, a nosotros se nos abre una posibilidad igual de increíble.

En las últimas horas antes de Su crucifixión, Jesús señaló la culminación de este proceso de acercamiento divino con estas palabras: «El que me ama, obedecerá mi palabra, y mi Padre lo amará, y haremos nuestra morada en él» (Juan 14:23). Pablo describe este acercamiento divino como «Cristo en ustedes, la esperanza de gloria» (Col. 1:27). Podríamos entonces concluir que la espiritualidad bíblica es básicamente la experiencia de relacionarse con Cristo.

UNIÓN CON CRISTO

Según el teólogo John Murray «la unión con Cristo es [...] la verdad central de toda la doctrina de la salvación [...]. No es simplemente una fase en la aplicación de la redención, es la base de cada aspecto de la redención».[22] De nuevo recurrimos a Pablo para entender esta realidad que explica como una experiencia personal que él describe de la siguiente manera: «He sido crucificado con Cristo, y ya no vivo yo, sino que Cristo vive en mí. Lo que ahora vivo en el cuerpo, lo vivo por la fe en el Hijo de Dios, quien me amó y dio su vida por mí» (Gál. 2:20).

En el Nuevo Testamento encontramos dos expresiones que describen nuestra unión con Cristo: «Cristo en nosotros» y «nosotros en Cristo». Estas frases aparecen en muchos pasajes. Por ejemplo, en 2 Corintios 5:17 leemos: «Por lo tanto, si alguno está en Cristo, es una nueva creación. ¡Lo viejo ha pasado, ha llegado ya lo nuevo!». También encontramos la otra opción: «He sido crucificado con Cristo, y ya no vivo yo, sino que Cristo vive en mí...» (Gál. 2:20). En otros tres pasajes se combinan estas dos ideas:

«El que come mi carne y bebe mi sangre permanece en mí y yo en él» (Juan 6:56).

«Permanezcan en mí, y yo permaneceré en ustedes. Así como ninguna rama puede dar fruto por sí misma, sino que tiene que permanecer en la vid, así tampoco ustedes pueden dar fruto si no permanecen en mí» (Juan 15:4).

---

[22]John Murray, *Redemption—Accomplished and Applied* [Redención: Cumplida y aplicada] (Grand Rapids: Eerdmans, 1955), 201-205.

«¿Cómo sabemos que permanecemos en él, y que él permanece en nosotros? Porque nos ha dado de su Espíritu» (1 Jn. 4:13).

DOS MOVIMIENTOS DE NUESTRA UNIÓN CON CRISTO

Nuestra unión con Cristo se puede entender desde dos puntos de vista. Para referirse a estas dos perspectivas, el teólogo puritano John Flavel (1627-1691) hablaba de dos uniones: la unión hipostática y la unión mística. La primera es obra de Cristo y la segunda es obra del Espíritu Santo. Estas dos uniones son perspectivas de nuestra unión inicial con Cristo. Debido a que esta terminología nos puede resultar confusa, vamos a hablar de las dos uniones que componen la unión con Cristo en términos de dos movimientos.

La unión hipostática es la encarnación —Dios se hace carne—. El movimiento es de Dios hacia nosotros. La palabra «hipostática» es un término técnico derivado de la palabra en griego *hipóstasis* que significa algo así como sustancia. Es la idea de que la segunda persona de la Trinidad, el Verbo divino, al nacer de la virgen, tomó forma humana y, sin perder Su naturaleza divina, llegó a compartir plenamente nuestra naturaleza humana. Como dice uno de los credos antiguos: «Aunque Dios y hombre, Cristo no es dos, sino uno. Uno, no por conversión de la divinidad en carne, sino porque la humanidad fue asumida por Dios. Completamente uno, no por mezcla de las sustancias, sino por unidad de la persona».[23] Jesús es Dios verdadero y también es hombre.

Aquí vislumbramos un misterio. Quizás no podemos medir sus profundidades, pero sí podemos maravillarnos frente a sus implicancias. Para empezar, Jesús no dejó de ser hombre después de Su resurrección. A lo mejor tenemos la idea de que la encarnación solamente duró los 33 años de la vida de Jesús —que Dios se hizo ser humano en la forma del bebé nacido en Belén, pero después de la resurrección volvió a Su condición de Verbo eterno, a esa existencia del Logos

---

[23]El credo de Atanasio.

antes de la encarnación—. Obviamente, Jesús nunca perdió Su condición de Dios. Siempre será el Logos divino, la segunda persona trinitaria, el Hijo eternamente engendrado del Padre. Sin embargo, a partir de la encarnación siempre será hombre.

La unión hipostática se hace evidente en la ascensión. Cristo asciende corporalmente al cielo ante la mirada atónita de Sus discípulos. No abandona Su cuerpo resucitado, un cuerpo humano glorificado. Ese cuerpo lo vincula estrechamente con nuestra raza. Esto significa que nuestro destino como seres humanos ahora está ligada a Su destino y que solo se llega a disfrutar nuestra condición humana en toda su plenitud por medio de este vínculo.

El segundo movimiento, la unión mística, se produce por obra del Espíritu Santo. En el primer movimiento, Cristo se une a nosotros mediante la encarnación. Este segundo movimiento va en dirección opuesta al movimiento de Dios que llega a nosotros. En el segundo movimiento nosotros somos impulsados por el Espíritu hacia Dios. Este segundo movimiento depende del primer movimiento. Es decir, la unión hipostática se produce cuando Jesús nace como hombre; la unión mística se produce cuando nosotros nacemos de nuevo espiritualmente como consecuencia de la encarnación. Aquí no vamos a detallar todas las implicancias de la unión mística, pero vale la pena señalar que esta unión, nuestro movimiento hacia Dios, está detrás del proyecto divino de asemejarnos a Cristo. Las implicaciones se van descubriendo en la vida espiritual que veremos a lo largo de este libro. Por ahora es importante señalar que estas dos uniones, estos dos movimientos espirituales nos ayudan a entender por qué los autores del Nuevo Testamento enseñan que Cristo está en nosotros y nosotros en Él. Por tercera vez en este capítulo quisiera señalar que de esto trata la espiritualidad bíblica: significa tener una relación con Dios, estar unido a Cristo para ser moldeado con el fin de parecerse cada vez más a Él.

La unión con Cristo y sus dos ligamentos

Como hemos visto, nuestra unión con Cristo depende de la obra conjunta de Cristo y el Espíritu Santo. Ahora veremos que estos dos movimientos dependen de dos conexiones importantes. John Flavel habló de dos «ligamentos, o vínculos de unión entre Cristo y el alma: el Espíritu por su parte y la fe por la nuestra».[24] Cristo se encuentra aferrado a nosotros por el Espíritu. A la vez, nosotros estamos aferrados a Cristo por el regalo de la fe. El Espíritu y la fe funcionan como anclas imbatibles del alma que vencen cualquier tormenta.

Nos enfocaremos más en la segunda ancla: la naturaleza de la fe. Ya hemos visto en los primeros capítulos la forma en que Dios se acerca a nosotros. Cristo, mediante Su Espíritu, viene a buscar lo que se había perdido. También hemos visto que este acercamiento genera en nosotros la reacción de la fe. Además, esta fe es específica y tiene como objeto a Cristo y Su obra de salvación en la cruz. Pero otro aspecto importante de la fe es que cuando es genuina siempre va acompañada del arrepentimiento.

Ejercer la fe genuina implica abrir los ojos espirituales y ver la realidad tal cual es. Esta realidad incluye nuestro pecado, sus consecuencias y su solución en Cristo. Además, genera en nosotros el movimiento del corazón hacia el arrepentimiento. Por eso podemos decir que la fe y el arrepentimiento son las dos caras de la misma moneda.

La Biblia presenta el arrepentimiento como un cambio de mente y corazón que trae consigo la reforma de nuestras acciones. No es solo pedir disculpas o confesarnos, sino que involucra un cambio radical de dirección porque nos damos cuenta de que el camino que transitábamos nos llevaba a la destrucción. El Espíritu Santo nos lleva a repudiar nuestros pecados y clamamos a Dios por el perdón y la salvación.

El teólogo J. I. Packer escribió:

---

[24]J. Stephen Yuille, *The Inner Sanctum of Puritan Piety* [El santuario interior de la piedad puritana] (Grand Rapids: Reformation Heritage Books, 2007), 33.

La palabra que utiliza el Nuevo Testamento para hablar de arrepentimiento significa que la manera de pensar cambia de tal forma que cambian los puntos de vista, los valores, las metas y las formas, y que la persona vive toda su vida de una manera distinta. El cambio es radical, tanto exterior como interiormente; mente y juicio, voluntad y afectos, conducta y estilo de vida, motivaciones y propósitos; todo queda involucrado. Arrepentirse significa comenzar una nueva vida.[25]

La fe genuina produce un arrepentimiento sincero. Packer añade: «En la vida real el arrepentimiento es inseparable de la fe, al ser el aspecto negativo de la vuelta a Cristo como Señor y salvador».[26] Como hemos visto, la fe y el arrepentimiento son cara y sello de la misma moneda.

Martín Lutero, el famoso reformador alemán, escribió en la primera de sus 95 tesis: «Cuando nuestro Señor y Maestro Jesucristo dijo "Haced penitencia" quiso que toda la vida de los creyentes fuese penitencia».[27] Cristo no nos manda a depender de un sistema humano como el sistema católico de la confesión y la penitencia. Al contrario, debemos desarrollar un estilo de vida marcado por el arrepentimiento.

Veamos otro aspecto de esa fe con la que nos abrazamos a Cristo. Por la fe, no solo nos arrepentimos, sino que nos apropiamos de las bendiciones que encontramos en Jesucristo. En la carta a los creyentes de la ciudad de Éfeso, Pablo les cuenta cómo ora por ellos:

Le pido que, por medio del Espíritu y con el poder que procede de sus gloriosas riquezas, los fortalezca a ustedes en lo íntimo de su ser, para que por fe Cristo habite en sus corazones. Y pido que, arraigados y cimentados en amor, puedan comprender, junto con todos los santos, cuán ancho y largo, alto y profundo es el amor de Cristo; en fin, que conozcan ese amor que sobrepasa nuestro conocimiento, para que sean llenos de la plenitud de Dios (Ef. 3:16-19).

---

[25]JI Packer, *Teología Concisa*, (Wheaton Illinois: Unilit, 1998), 172.
[26]Ibid.
[27]César Vidal, *El caso Lutero,* (Madrid: EDAF, 2008), 205.

¿Notaron las distintas descripciones de la nueva realidad espiritual? Pablo habla de ser fortalecido en el hombre interior por la presencia del Espíritu. De estar arraigado en amor, de conocer el amor de Cristo. De estar lleno de la plenitud de Dios. Pablo se refiere a la experiencia real de la presencia del Dios trinitario: Padre, Hijo y Espíritu Santo.

Vemos que los efectos de nuestra unión con Cristo no son simplemente judiciales. Esto quiere decir que no solo somos perdonados, sino que también experimentamos la presencia del Dios trinitario. Además, Cristo produce en nosotros, a través del Espíritu Santo, una serie de cambios vitales: ilumina nuestro entendimiento entenebrecido (Ef. 4:18), empezamos a percibir a Dios en Su gloria y hermosura, crece nuestro amor por Jesús y entendemos que Él ofrece vida en abundancia y también transforma nuestro entendimiento. Flavel también enseña que la unión con Cristo cambia nuestra voluntad y afectos, rompe nuestro corazón endurecido como piedra y conquista nuestra obstinada voluntad (Ezeq. 11:19; 36:26; Sal. 51:10, 12, 17).

Estas ideas son esenciales para la espiritualidad bíblica. Vivir una vida marcada por la enseñanza de las Escrituras implica relacionarse con Dios, gozar de la unión con Cristo, ser moldeado para ir asemejándose a Cristo, vivir con la confianza que genera estar sujeto firmemente por Cristo y, por lo tanto, vivir la vida de fe que se distingue por un proceso continuo de arrepentimiento, cambio, y disfrute de las infinitas riquezas encontradas en Cristo.

LAS BENDICIONES DE LA UNIÓN CON CRISTO

La unión con Cristo es la relación más íntima que un ser humano puede experimentar. Las Escrituras usan distintas analogías para explicarlo. Se parece a la relación entre la raíz y las ramas (Juan 15:5), entre la cabeza y el cuerpo (Ef. 4:15-16) o entre esposos (Ef. 5:30-31). Esta última relación cobra más significado si recordamos que Dios formó a la mujer de la misma materia biológica del hombre, de una de sus costillas (Gén. 2:23-24). De la misma forma, derivamos nuestra vida de Cristo. Flavel decía que la relación entre Cristo y el alma del creyente es más íntima que la relación entre esposos o aun más profunda que la del alma y la persona misma.[28] Ahora nuestras vidas se derivan de la de Él. Como la vida fluye en la savia del árbol hacia las ramas, así la vida de Cristo se transmite a nosotros. Con razón Pablo dijo: «para mí el vivir es Cristo» (Fil. 1:21).

Flavel cita 1 Corintios 1:30 para decirnos que la unión con Cristo produce enormes bendiciones porque «Dios [lo] ha hecho nuestra sabiduría —es decir, nuestra justificación, santificación y redención—».[29] La unión con Cristo nos permite ser parte de Su existencia bendecida. No solo recibimos el perdón de nuestros pecados, sino que Él toma nuestros pecados y nos acredita Su justicia (2 Cor. 5:21). Como señala el *Catecismo de Heidelberg*:

Fue ordenado del Padre y ungido del Espíritu Santo, para ser nuestro supremo profeta y maestro, que nos ha revelado plenamente el secreto consejo y voluntad de Dios sobre nuestra redención, para ser nuestro único y supremo pontífice quien por el solo sacrificio de Su cuerpo nos ha redimido, e intercede continuamente delante del Padre por nosotros, para ser nuestro eterno Rey que nos gobierna por Su palabra y Su espíritu y nos guarda y conserva la redención que nos ha adquirido.[30]

En Cristo hemos recibido todo. No exageramos. Literalmente, hemos recibido todo. Jesús dijo a Sus discípulos: «No tengan miedo, mi rebaño pequeño, porque es la buena voluntad del Padre darles el reino» (Luc. 12:32). La verdadera dimensión de todo esto escapa a nuestro entendimiento. Si estar unidos a Cristo nos asombra, ¿qué podemos pensar de que, por medio de Cristo, inevitablemente, entramos en relación con la Santa Trinidad?

[28]J. Stephen Yuille, The Inner Sanctum of Puritan Piety, 25-31.
[29]Ibid., 53.
[30]Catecismo de Heidelberg, pregunta 31.

LA UNIÓN TRINITARIA

Jesús abre una nueva etapa en Su enseñanza a los discípulos al final del Evangelio de Juan. Jesús muestra un panorama impensable en aquellas horas críticas antes de Su muerte, la naturaleza trinitaria del único Dios. Lo interesante de este momento es el doble propósito de Jesús. Podemos ver que Jesús emplea una buena técnica pedagógica. Dejó lo más complicado para el final cuando ya Sus discípulos habían absorbido muchas lecciones básicas en cuanto a la naturaleza de Dios y en cuanto a Jesús mismo y Su misión. Pero Su propósito no era solo impartir dogma, sino que los discípulos fueran consolados y fortalecidos para enfrentar las horas de crisis.

Jesús entendía que les hacía falta comprender la realidad trinitaria y las implicaciones para sus propias vidas. La maravilla de esta enseñanza se revela en dos etapas sucesivas. Primero, promete la llegada del Espíritu Santo cuando les dice: «Si ustedes me aman, obedecerán mis mandamientos. Y yo le pediré al Padre, y él les dará otro Consolador para que los acompañe siempre: el Espíritu de verdad, a quien el mundo no puede aceptar porque no lo ve ni lo conoce. Pero ustedes sí lo conocen, porque vive con ustedes y estará en ustedes» (Juan 14:15-17).

¿Los discípulos habrán podido comprender todo lo que esto implicaba? Jesús continuó con otra verdad que profundiza el maravilloso misterio: «El que me ama, obedecerá mi palabra, y mi Padre lo amará, y haremos nuestra morada en él» (Juan 14:23).

Es evidente que los discípulos no pudieron absorber todo en ese momento. Pero Jesús indicó que en la misma enseñanza estaba la clave para su entendimiento futuro: «Todo esto lo digo ahora que estoy con ustedes. Pero el Consolador, el Espíritu Santo, a quien el Padre enviará en mi nombre, les enseñará todas las cosas y les hará recordar todo lo que les he dicho» (Juan 14:25-26).

Por la obra del Espíritu nos encontramos unidos a Cristo y gozando de la comunión trinitaria. Al estar unidos con Cristo, nuestro destino es el mismo de Cristo. Como Él fue resucitado, nosotros seremos resucitados (Rom. 6:5). También seremos glorificados con

Él (Rom. 8:17). ¿Qué significa esto de que seremos glorificados? No está del todo claro, pero es indudable que será maravilloso: «Queridos hermanos, ahora somos hijos de Dios, pero todavía no se ha manifestado lo que habremos de ser. Sabemos, sin embargo, que cuando Cristo venga seremos semejantes a él, porque lo veremos tal como él es» (1 Jn. 3:2). Pablo también indica que el poder transformador yace en la imagen de Cristo cuando dice: «Así, todos nosotros, que con el rostro descubierto reflejamos como en un espejo la gloria del Señor, somos transformados a su semejanza con más y más gloria por la acción del Señor, que es el Espíritu» (2 Cor. 3:18).

La espiritualidad bíblica entendida en toda su dimensión deja en la sombra cualquier espiritualidad autodirigida que los individuos puedan construir con los elementos que tienen al alcance, es decir, los recursos limitados de sus propias almas. La espiritualidad bíblica no solo se diferencia radicalmente de las espiritualidades *poiéticas* típicas de nuestros tiempos, sino que es, en realidad, su antídoto. Como espiritualidad *mimética*, pertenece realmente a una clase única. Se basa en un cuerpo de doctrinas que se deben afirmar y principios que se deben implementar. Pero la enseñanza de la Biblia no es solo una construcción teórica. Es vida y luz porque por ellas entramos en relación con el ser que todo lo ha creado, todo lo sostiene y es la fuente de gracia y amor. Por las Escrituras vemos la gloria del Señor y esa visión nos transforma de gloria en gloria.

Capítulo 7

Comunión con el trino Dios

T odos experimentamos el fenómeno de la «selección perceptiva», es decir, vemos lo que esperamos o quisiéramos ver. Nuestro marco de referencia funciona como un filtro que resalta o elimina algunos elementos percibidos. Por ejemplo, antes de casarme no me interesaban mucho los bebés, pero cuando nació mi primera hija empecé a notar la cantidad de familias jóvenes con bebés en brazos. Este cambio en mi percepción no fue el resultado de una repentina explosión en la natalidad de la ciudad donde vivía. Lo que había cambiado era mi marco de referencia. También me ha pasado con los autos. Hace varios años compramos un modelo particular de auto en Argentina. De repente parecía que las calles se habían llenado de esos mismos autos. ¿No les ha pasado lo mismo?

Sucede algo parecido con las páginas de las Escrituras. Hay temas importantes que, una vez que los vemos, empiezan a aparecer por todas partes. Uno de los más importantes es la naturaleza trinitaria de Dios. Quisiera aclarar que en este libro no vamos a defender esa doctrina ni tampoco la vamos a definir en todas sus dimensiones. Lo que queremos ver es cómo cumple un rol inescapable en la experiencia cristiana. A través de nuestra unión con Cristo nos encontramos ligados a Él y, por consecuencia, a los tres miembros de la Trinidad.

El credo apostólico contiene una estructura trinitaria. La primera parte dice: «Creo en Dios Padre, todopoderoso, Creador del cielo y de la tierra. Y en Jesucristo, su único Hijo, Nuestro Señor, que fue concebido por obra y gracia del Espíritu Santo». No se sabe a ciencia cierta la fecha en que se compuso este credo, pero se considera muy antiguo. Sin embargo, la doctrina de la Trinidad tuvo su expresión definitiva en el Credo de Nicea (325 d. C.). Sin embargo, es un grave error pensar que en estos credos se inventó la idea de la Trinidad. Esta postura ignora que la Trinidad figura en todas las Escrituras, tanto a plena luz como también apenas debajo de la superficie de un pasaje que resulta inentendible hasta que tomamos en cuenta su estructura trinitaria.

Esto sucede en el relato de la mujer Samaritana (Juan 4). ¿Que significa la frase: «Pero se acerca la hora, y ha llegado ya, en que los verdaderos adoradores rendirán culto al Padre en espíritu y en verdad, porque así quiere el Padre que sean los que le adoren» (Juan 4:23)? Sin lugar a duda, aquí la Trinidad sale a la superficie. En este versículo, vemos que se trata el tema de dónde y cómo se debe adorar al Padre. Encontramos que la verdadera adoración solo se hará posible por medio del Espíritu. Dios es Espíritu y los que lo adoran deben hacerlo en espíritu y verdad. Jesús comparte la enseñanza plena sobre el rol del Espíritu Santo en nuestras vidas unos capítulos más adelante (Juan 14). Jesús empieza a abrir desde aquí las cortinas ante los ojos de la Samaritana.

Esta nueva adoración —en espíritu y verdad— se inicia con la venida de Jesús al mundo. ¿Por qué dice Jesús que justo en ese momento histórico se marca la transición clave? Simplemente porque Él había aparecido en escena: «Sé que viene el Mesías, al que llaman el Cristo —respondió la mujer—. Cuando él venga nos explicará todas las cosas. —Ese soy yo, el que habla contigo—le dijo Jesús» (Juan 4:25-26). No solo se adjudica el título de Mesías, sino que al decir «soy soy», Jesús se identifica con el nombre de pacto de Dios, Jehová o Yahvé (Ex. 3:14).

No sé hasta qué punto la mujer Samaritana entendía las profundas implicaciones de las palabras de Jesús. Yo mismo siento que recién empiezo a absorber su profundo significado. En unos pocos minutos, en palabras sencillas, Jesús le dio a la mujer material para meditar toda una vida. La espiritualidad genuina —en espíritu y verdad— es trinitaria. Nos relacionamos con el Padre, por la mediación del Hijo, asistidos por el Espíritu Santo.

LAS TRES PERSONAS DEL ÚNICO DIOS

La triple personalidad de Dios aparece desde las primeras páginas de la Biblia. El relato de la creación del universo en Génesis comienza con una declaración en apoyo del monoteísmo: «Dios, en el principio, creó los cielos y la tierra» (Gén. 1:1) Sin embargo, aquí en este mismo pasaje fundacional del monoteísmo, se vislumbra apenas debajo de la superficie la realidad trinitaria. El pasaje explica que «la tierra era un caos total, las tinieblas cubrían el abismo, y el Espíritu de Dios se movía sobre la superficie de las aguas» (Gén. 1:2). También encontramos la presencia de la Palabra como agente divino. Una y otra vez encontramos la frase: «Y dijo Dios». Por ejemplo, «Y dijo Dios: "¡Que exista la luz!". Y la luz llegó a existir» (Gén. 1:3).

Juan se apoyó en este pasaje para dar comienzo a su Evangelio. Traza de forma aun más explícita la realidad trinitaria detrás de la creación:

En el principio ya existía el Verbo, y el Verbo estaba con Dios, y el Verbo era Dios. Él estaba con Dios en el principio. Por medio de él todas las cosas fueron creadas; sin él, nada de lo creado llegó a existir. En él estaba la vida, y la vida era la luz de la humanidad. Esta luz resplandece en las tinieblas, y las tinieblas no han podido extinguirla (Juan 1:1-5).

Juan identifica este verbo con Jesús de Nazaret: «Y el Verbo se hizo hombre y habitó entre nosotros. Y hemos contemplado su gloria, la gloria que corresponde al Hijo unigénito del Padre, lleno de gracia y de verdad» (Juan 1:14). El Verbo, la segunda persona de la Trinidad, había venido a este mundo tomando la forma humana. El que se encontró con la mujer samaritana al lado del pozo Jacob, era el Verbo eterno.

CONOCER AL DIOS TRINITARIO POR LA ENCARNACIÓN

Si estudiamos cuidadosamente la Biblia nos daremos cuenta de que la revelación divina es progresiva. Para poder entender este término, digamos que se parece a la forma en que enseñamos a nuestros hijos. Empezamos con ideas básicas y sencillas sobre las que luego vamos presentando y apoyando ideas más complejas. Así es como Dios se revela a través de la historia. Aunque hay indicios de la naturaleza trinitaria de Dios en el Antiguo Testamento, allí principalmente se establece la unicidad de Dios. En el Antiguo Testamento se establecen las bases conceptuales necesarias para entender la llegada de Jesús al mundo, la encarnación y el sacrificio de Jesucristo en la cruz. La maravilla de la naturaleza trinitaria de Dios recién se revela plenamente con la Encarnación. Esto es natural ya que una de las funciones del Hijo eterno es la de revelar al Padre: «A Dios nadie lo ha visto nunca; el Hijo unigénito, que es Dios y que vive en unión íntima con el Padre, nos lo ha dado a conocer» (Juan 1:18).

Con la encarnación se expone ante nuestra vista la unidad y diversidad trinitaria de Dios. Él es un solo Dios y simultáneamente tres personas. Esto nos podría parecer ilógico, pero debemos recordar que Dios es más alto que nosotros. Yo no entiendo cómo la materia puede tener propiedades de una partícula y de una onda simultáneamente. Pero acepto que hay cosas en la mecánica cuántica que superan mi entendimiento. El puritano Thomas Watson escribió:

La Trinidad es exclusivamente un objeto de la fe; a la razón no le alcanza para sondear las profundidades de este misterio; pero donde la razón no puede pisar fondo, la fe puede nadar. Ciertas verdades de la religión son comprobables por la razón; como, por ejemplo, que existe un Dios: pero la Trinidad de personas en la Unidad de esencia es enteramente sobrenatural, y ha de aceptarse por la fe. Esta doctrina no se opone a la razón, sino que la supera.[31]

En realidad, sería el colmo de la arrogancia humana que insistamos en que la naturaleza divina se adecúe a nuestras limitadas categorías humanas.

LA ETERNA TRINIDAD

Cada miembro de la Trinidad cumple un papel eterno distinto. El Padre siempre existió como Padre, el Hijo siempre existió como el engendrado del Padre y el Espíritu siempre existió como el vínculo de amor entre los dos. El Credo de Nicea (325 d. C.) afirma estos roles eternos revelados en las Escrituras:

Creemos en un solo Dios,
Padre todopoderoso,
Creador del cielo y de la tierra,
de todo lo visible y lo invisible;
y en un solo Señor, Jesucristo, el unigénito de Dios,
nacido del Padre antes de todos los siglos,
luz de luz,
Dios verdadero de Dios verdadero;
engendrado, no creado, consustancial con el Padre,
por quien todo fue hecho;
que por nosotros los hombres y por nuestra salvación
bajó del cielo . . .
y en el Espíritu Santo . . .

Cada uno cumple un rol distinto de forma maravillosa en relación con el universo creado; pero a la vez, lo que uno hace, todos lo hacen. Esto lo vemos en tres áreas: la creación, la revelación y la

---

[31]Thomas Watson, *A Body of Practical Divinity* [Un cuerpo de divinidad práctica], (Londres: Thomas Parkhurst, 1692), 64. Traducción personal.

salvación. En la salvación encontramos que Dios el Padre nos ama e inicia el plan de salvación. Existe la idea equivocada de un Padre severo que nos tiene poco afecto. Pensamos que nos tolera solo porque Su Hijo nos ama. Sin duda, Dios el Padre es santo y justo, como lo son también el Hijo y el Espíritu, pero como Padre nos ama. El amor paternal es esencial: «Porque tanto amó Dios al mundo que dio a su Hijo unigénito, para que todo el que cree en él no se pierda, sino que tenga vida eterna» (Juan 3:16). Es decir, la iniciativa en la salvación empieza con el Padre. La Biblia nos enseña, además, que por Su amor el Padre nos adopta (Rom. 8:14-15) y nos cuida como hijos (Mat. 6:26).

El Hijo también nos ama y nos busca al ser enviado por el Padre. También ama al Padre y expresa Su amor por Él y nosotros al revelar al Padre (Juan 14:9; 17:6). Él cumple la voluntad del Padre por amor (Juan 5:17-18). Glorifica al Padre por amor y el Padre, por amor, glorifica al Hijo (Juan 17:5). Jesús es luz al ser la perfecta revelación del Padre (Juan 1:4-10; 8:12) porque Dios es luz (1 Juan 1:5). Jesús también es vida (Juan 1:4-15). El Padre imparte vida y también el Hijo imparte vida (Juan 5:21, 26).

Jesús es la representación perfecta del Padre: «Él es la imagen del Dios invisible, el primogénito de toda creación» (Col. 1:15). Él logra simultáneamente más de una cosa al cumplir este rol. Glorifica a Su Padre y confirma Su propia identidad. También se identifica con nosotros al tomar nuestra forma y, al vivir una vida perfectamente santa, cumple con la responsabilidad original encomendada a nuestros antepasados, Adán y Eva, de representar a Dios ante el universo creado. Es decir, Jesucristo es el nuevo y mejor Adán.

El Espíritu expresa el amor de Dios. Agustín de Hipona consideraba que el Espíritu Santo era el eterno vínculo de amor que existía entre el Padre y el Hijo. A nosotros nos llega como regalo (Juan 14:16) enviado por el Padre y simultáneamente por el Hijo (Juan 14:26). Jesús identifica al Espíritu como representante suyo —otro Consolador (Juan 14:16, 26; 15:26, 16:7; 1 Jn. 2:1). En ese rol nos defiende y nos consuela.

El Credo de Nicea-constantinopolitano (381 d. C.) fue una versión ampliada del Credo de Nicea. Se publicó porque ya para finales del siglo IV habían surgido nuevas herejías relacionadas con la doctrina del Espíritu Santo. En esta versión del credo se recalca la verdad de que el Espíritu Santo comparte de igual manera la naturaleza divina con los otros dos miembros de la Trinidad: «Espíritu Santo, Señor y dador de la vida, que procede del Padre y del Hijo, que con el Padre y el Hijo ha de ser adorado y glorificado».

El teólogo Cornelis Venema, cuando se refiere al rol de cada persona de la Trinidad en la salvación, dice que el Padre elige salvar Su pueblo en Cristo (Ef. 1:4), el Hijo recibe la comisión y se ofrece voluntariamente como Salvador y Mediador (Luc. 22 29; Heb. 10:5, 7) y el Espíritu Santo le entrega a Cristo los dones necesarios para cumplir con Su tarea salvadora (Luc. 1:32; 3:21-22; 4:18). Además, el Espíritu Santo aplica los beneficios de la obra de Cristo a aquellas personas dadas por el Padre al Hijo (Juan 6:38-39; 17:4). Él concluye diciendo: «De esta forma, en una armonía hermosa, amor y propósito mutuo, Padre, Hijo y Espíritu Santo forman, pactan y redimen una comunidad electa».[32]

EL DIOS TRINITARIO ES AMOR

El apóstol Juan nos dice que «Dios es amor» (1 Jn. 4:7). No solo que Dios ama, sino que Dios *es* amor. El amor es Su esencia. Como Dios único en tres personas, la vida interna del Dios eterno se caracteriza por un interminable amor mutuo. Para referirse a las relaciones entre los tres miembros de la Trinidad, los teólogos emplean el término *pericoresis* en griego o *circunincession* en latín. Juan de Damasco (675–749 d. C.) explica el significado así:

Las subsistencias —es decir, las tres personas— habitan, moran y se establecen firmemente una en la otra. Porque son insepara-bles y no pueden separarse una de otra, sino que mantienen su

---

[32]Cornelis Venema, *Redemption Applied* [Redención aplicada], *Tabletalk*, Febrero de 2004, 17.

curso separado dentro de la otra, sin unirse o mezclarse, sino aferrándose una a la otra. Porque el Hijo está en el Padre y en el Espíritu; y el Espíritu en el Padre y en el Hijo; y el Padre en el Hijo y en el Espíritu, pero no hay fusión, ni mezcla ni confusión. Y hay un solo y el mismo movimiento: porque hay un impulso y un movimiento de las tres subsistencias, que no debe observarse en ninguna naturaleza creada.[33]

Entre las tres personas trinitarias existe una superabundante excedencia de amor. Este amor se expresa en la creación del mundo. No debemos creer que Dios crea todo porque se sentía solo, estaba aburrido o porque necesitaba algo. Todo lo contrario. La creación es la expresión de un amor tan inmenso que rebosa en creatividad. La redención —nuestra salvación— también es una expresión de ese amor abundante. Dios no se fija en nosotros porque seamos deseables, sino porque Su amor es abundante.

Fred Sanders escribió: «¡La Trinidad y el evangelio comparten la misma forma! Esto ocurre porque las buenas noticias de la salvación significan que Dios abre Su vida trinitaria a nosotros».[34] Este amor de Dios nos llega por voluntad del Padre, con base en el sacrificio del Hijo y es comunicado a nosotros por el Espíritu Santo. Como escribió Pablo:

> Pero, cuando se cumplió el plazo, Dios envió a su Hijo, nacido de una mujer, nacido bajo la ley, para rescatar a los que estaban bajo la ley, a fin de que fuéramos adoptados como hijos. Ustedes ya son hijos. Dios ha enviado a nuestros corazones el Espíritu de su Hijo, que clama: «¡Abba! ¡Padre!» (Gál. 4:4-6).

Esto es maravilloso. El eterno Dios trinitario nos busca y nos envuelve en Su amor y comparte con nosotros la comunión que ha existido

---

[33]Juan de Damasco, Exposición de la fe ortodoxa, 1.14.
[34]Fred Sanders, The Deep Things of God [Las profundidades de Dios] (Crossway, Wheaton, Illinois, 2017), 104.

eternamente entre Dios el Padre, el Hijo y el Espíritu Santo. Por esto, la fórmula del bautismo repite, «en el nombre del Padre y del Hijo y del Espíritu Santo» (Mat. 28:19). El bautismo simboliza nuestra unión en Cristo, nuestra limpieza por Su sangre y nuestra inclusión en la comunión eterna de Dios.

NUESTRA COMUNIÓN CON CADA MIEMBRO DE LA TRINIDAD

Nuestra salvación y santificación son trinitarias. Por lo tanto, nuestra oración y adoración también lo son. Para decirlo de otra forma, la práctica de la espiritualidad bíblica nos involucra en una relación con cada miembro de la Trinidad. Juan escribió: «Les anunciamos lo que hemos visto y oído, para que también ustedes tengan comunión con nosotros. Y nuestra comunión es con el Padre y con su Hijo Jesucristo» (1 Jn. 1:3). Esa es la razón por la que Pablo les desea a sus lectores «que la gracia del Señor Jesucristo, el amor de Dios y la comunión del Espíritu Santo sean con todos ustedes» (2 Cor. 13:14).

John Owen, en una de sus obras principales, se dedica a examinar cómo en la vida cristiana nos relacionamos con el único Dios trinitario y, por ende, con cada miembro de la Trinidad. A Owen le preocupaba mucho que pocos creyentes entendían el amor del Padre en Cristo, un problema que había encontrado en sus labores pastorales:

¡Cuán pocos santos han tenido el privilegio de experimentar la comunión directa con el Padre en amor! ¡Con cuántas dudas y pensamientos ansiosos lo contemplan! ¡Con cuántos temores cuestionan Su benevolencia! En el mejor de los casos, muchos creen que la única buena predisposición que tiene hacia nosotros es la que se compró con el alto precio de la sangre de Cristo.[35]

---

[35]John Owen, The Works of John Owen, Volume 2: Communion with God [Las obras de John Owen, Vol. 2: Comunión con Dios] (Banner of Truth, 1965), 32.

Owen, sin embargo, nos asegura que debemos entender el amor del Padre como «la fuente de la cual fluyen todas las demás dulzuras» de nuestra relación con el Dios trinitario. Nuestra relación con el Hijo se caracteriza principalmente por la gracia que se revela en Él: «Pues la ley fue dada por medio de Moisés, mientras que la gracia y la verdad nos han llegado por medio de Jesucristo» (Juan 1:17). Esta gracia se revela en las cosas que ya hemos mencionado, como la justificación, la santificación y la glorificación.

El consuelo marca nuestra relación con el Espíritu Santo. El Espíritu hace muchas cosas en nosotros. Nos convence de pecado. Nos hace nacer de nuevo. Nos ilumina el entendimiento para poder absorber la Palabra divina. Pero Jesús se refirió al Espíritu como «otro Consolador» porque nos consuela de muchas maneras, pero una de las más importantes es al confirmar la confianza de que somos hijos de Dios. Por el Espíritu, clamamos: «¡Abba! ¡Padre!» (Rom. 8:15-17).

ADORAR AL DIOS TRINITARIO

La maravilla inexpresable de la Trinidad nos impulsa a la adoración. Al describir la persona del Espíritu Santo, el credo de Nicea señala: «El Espíritu Santo, Señor y dador de la vida, que procede del Padre y del Hijo, que con el Padre y el Hijo ha de ser adorado y glorificado, y que habló por los profetas». Cada uno de los miembros de la Trinidad exige nuestra adoración.

A la mujer samaritana, Jesús le ofreció agua de vida cuando le dijo: «Pero el que beba del agua que yo le daré no volverá a tener sed jamás, sino que dentro de él esa agua se convertirá en un manantial del que brotará vida eterna» (Juan 4:14). Jesús le había aclarado que «se acerca la hora, y ha llegado ya, en que los verdaderos adoradores rendirán culto al Padre en espíritu y en verdad, porque así quiere el Padre que sean los que le adoren» (Juan 4:23). Nosotros fuimos creados para contemplar la belleza gloriosa del eterno Dios trinitario revelado por Jesús. Solo eso nos puede realmente satisfacer.

Como escribió el Padre capadocio Gregorio Nacianceno: «Cuando pienso en uno, enseguida me ilumina el esplendor de los tres; cuando distingo los tres, enseguida soy llevado nuevamente al uno».[36] Junto a los serafines clamamos en adoración: «Santo, Santo, Santo» (Isa. 6:3).

---

[36]Gregorio Nancianceno, *Orationes,* Oratio 40.

Capítulo 8

La gran epopeya de la redención

D icen que preguntando se llega a Roma. No tengo dudas de que así es, pero también son útiles los mapas. Yo soy de la generación que recordamos cómo era viajar por el mundo antes de los móviles con acceso a Internet. Por algún lado debo tener guardado el mapa de la República Argentina que llevaba en el auto. Medía un metro de largo y medio metro de ancho. Presentaba todas las rutas del país y, en otra escala, los planos de las ciudades principales. El desafío más grande era doblarlo de nuevo después de utilizarlo.

Cuando llegó el Internet, antes de los móviles con GPS y mapas de Google, consultaba sitios como *MapQuest* cuando planificaba algún viaje. Guardaba una serie de mapas en un archivo y luego los imprimía para llevar conmigo. Los mapas impresos mostraban todo el viaje en distintas escalas. Primero imprimía un mapa que mostraba en una sola hoja toda la trayectoria del viaje, del punto de partida hasta el destino final. Luego imprimía un mapa que mostraba la ciudad entera que íbamos a visitar. Quería tener un panorama amplio de cómo entrar a la ciudad y llegar al hotel. Por último, imprimía un mapa que mostraba con más detalle la zona cercana al hotel. Esto servía para encontrar dónde comer, tomar un café o pasar por una farmacia o un supermercado si fuera necesario. Esta serie de mapas cada vez más enfocados me guiaba con facilidad. Ahora solo tenemos que preguntarle al teléfono cómo llegar y esa voz sintética, de paciencia infinita, que nunca pierde la calma cuando uno gira en dirección equivocada, nos va guiando.

En los siguientes dos capítulos deseo esbozar los lineamientos básicos del viaje espiritual. En este capítulo quiero ubicarnos en la historia espiritual de nuestra raza humana. En el próximo capítulo vamos a ver el progreso típico de cada nuevo creyente. Esto nos ayuda de varias formas. Por ejemplo, nos dice dónde estamos ahora y también nos permite anticipar lo que nos espera al final del viaje. Además, nos dice qué se espera de nosotros y qué no se espera de nosotros. Si viajo en avión tengo que saber cómo llegar al aeropuerto y a qué hora salir. Pero no me tengo que preocupar por pilotear el avión.

LA HISTORIA DE LA REDENCIÓN

Intuimos que el universo y la vida deben tener sentido. Por lo tanto, buscamos entender este sentido y cómo nuestras vidas forman parte de él. Esta intuición se manifiesta en nuestra reacción a distintas producciones artísticas que disfrutamos: ficción, teatro, cine y hasta la música que escuchamos. No nos gusta cuando le falta coherencia al final de un libro, una película o una canción.

Aristóteles pensaba que la trama de una obra dramática debía consistir en un movimiento coherente entre un inicio, una parte central y una conclusión. Horacio, el poeta romano, insistía en que una obra dramática debía tener cinco partes. El dramaturgo moderno, Gustav Freytag, también opinaba que la trama se debía ordenar en cinco etapas: exposición, acción ascendente, clímax, caída de la acción y resolución.

En la Biblia se traza la historia de la relación entre Dios y los seres humanos. En realidad, esta historia es la epopeya más grande que se haya contado. Todas las demás historias son simplemente episodios de esta gran obra escrita por Dios. Entender esta historia nos ayuda a ubicar nuestras propias vidas bajo ese contexto y nos ayuda a entender mejor los procesos espirituales que vivimos al conocer a Cristo.

En la primera sección de este libro vimos cómo Dios nos busca. También vimos los efectos producidos en nuestras vidas por la caída, es decir, el pecado original de nuestros antepasados Adán y Eva —efectos que, por nuestro propio pecado, potenciamos—. Vimos también el remedio de Dios en la cruz de Cristo y cómo la salvación nos llega por iniciativa de Dios, quien envía a Su Hijo a buscarnos.

En la segunda sección estamos explorando la naturaleza de nuestra nueva relación con Dios. Observamos primero la relación que disfrutamos con Cristo y luego la relación con cada miembro de la Trinidad. Ahora queremos ver cómo esa relación con Dios progresa en el tiempo y el espacio.

En la Biblia podemos percibir un gran marco narrativo marcado por cuatro puntos decisivos: creación, caída, redención y restauración. Esto típicamente se trabaja en libros que tratan sobre la cosmovisión bíblica, pero hemos visto que la cosmovisión y la espiritualidad tienen una relación estrecha. Examinar el marco narrativo de la Biblia nos ayuda a entender dónde estamos en el proceso histórico del plan divino de la salvación, cuáles son las condiciones reales y cuál es el proyecto espiritual que debemos desarrollar.

LA CREACIÓN

«Dios, en el principio, creó los cielos y la tierra» (Gén. 1:1). Con estas palabras se da inicio al relato de la creación. Este relato contenido en solo tres capítulos es la fuente de todas las ideas teológicas, antropológicas e históricas de toda la Biblia. Es una fuente de significados que permea a todas las Escrituras bíblicas. Estas ideas son formadoras de culturas enteras. En el relato de quiénes éramos y lo que perdimos, encontramos pistas que nos ayudan a entender quiénes podemos llegar a ser. Es decir, aquí encontramos las raíces de la espiritualidad bíblica.

Los primeros versículos del Génesis le atribuyen la existencia de todas las cosas al poder creador de Dios, quien las convoca de la nada a la existencia. Por Su palabra se abren las cuatro dimensiones del tiempo y el espacio como los pétalos de una flor. Esta creatividad de

Dios implica Su señorío porque todo lo que ha hecho le pertenece. Esto nos incluye a nosotros.

La corona de la creación fue el ser humano. Vimos dos ideas importantes relacionadas con nuestra creación según la imagen de Dios en el capítulo cuatro. En primer lugar, que nuestro pecado contra Dios destruye la nobleza de la imagen original. En segundo lugar, que Jesús, Dios hecho hombre, tomando nuestra forma, inicia la restauración de la imagen destruida por medio de Su obediencia y sacrificio.

Al ser creados según Su propia imagen, Dios nos dio una posición privilegiada bajo Su señorío, identificándonos con el mundo físico en el que habitamos y, a la vez, con autoridad y responsabilidad de Su cuidado. El salmista lo expresa así:

Oh, SEÑOR, Soberano nuestro,
    ¡qué imponente es tu nombre en toda la tierra!
    ¡Has puesto tu gloria sobre los cielos!
Por causa de tus adversarios
    has hecho que brote la alabanza
de labios de los pequeñitos y de los niños de pecho,
    para silenciar al enemigo y al rebelde.

Cuando contemplo tus cielos,
    obra de tus dedos,
la luna y las estrellas que allí fijaste,
me pregunto:
    «¿Qué es el hombre, para que en él pienses?
    ¿Qué es el ser humano, para que lo tomes en cuenta?»
Pues lo hiciste poco menos que Dios,
    y lo coronaste de gloria y de honra:
lo entronizaste sobre la obra de tus manos,
    todo lo sometiste a su dominio (Sal. 8:1-6).

Dios le dio orden a Su creación en las dimensiones del tiempo y el espacio. El Señor creó un mundo ideal para nosotros. Fuimos bendecidos con la regulación del paso del tiempo marcado por los astros, con ritmos diarios y semanales. El Edén era un gran templo, un lugar sagrado donde Dios visitaba a la pareja humana al atardecer. La semana se marcaba con el ritmo de seis días de trabajo y un séptimo día de descanso. En este espacio ideal, siguiendo estos ritmos establecidos por las mismas acciones creativas de Dios, Adán y Eva podían desarrollar su propia creatividad y dominio.

Estaban dadas las condiciones para el florecimiento humano. Representaban a Dios como apoderado o administrador ante el mundo y su trabajo tenía propósito. Debían cultivar y cuidar la tierra de una forma que llegara a su máximo florecimiento y se revelaran todas las potencialidades escondidas en la creación. Se formó la primera familia con el fin de ser fructíferos y se multiplicaran sobre la faz de la tierra. Dios buscaba una raza de adoradores. Todo estaba dado para que Adán y Eva experimentaran el gozo de *coram Deo* —de vivir en la benevolente presencia de Dios—.

Muchos teólogos entienden la relación entre Dios y los primeros seres humanos como un pacto: un acuerdo con estipulaciones, beneficios y consecuencias. Los beneficios de este pacto eran grandes: poder disfrutar de una serie de relaciones perfectamente equilibradas, donde Dios tenía comunión con nosotros, existía el amor familiar y una relación equilibrada y respetuosa con la naturaleza. Había una sola estipulación o prohibición: no comer del árbol de la ciencia del bien y el mal. La consecuencia de la desobediencia era la muerte.

LA CAÍDA

El valor inmensurable de cada ser humano radica en el hecho de que portamos la huella de la identidad divina. Por esto, nuestra decisión de seguir el consejo de esa figura misteriosa de la serpiente y de intentar ser como Dios, combina la blasfemia con la autodestrucción y una fuerte dosis de lo absurdo. Con nuestra rebelión audaz estropeamos la imagen de Dios en nosotros y echamos a perder las relaciones con Dios, Su creación y entre nosotros mismos, los seres humanos.

La caída representa el segundo evento decisivo en la historia de la humanidad. Se echó a perder el equilibrio perfecto en la red de relaciones entre Dios, la humanidad y la creación cuando la serpiente introduce una seductora versión alternativa de la realidad:

La serpiente era más astuta que todos los animales del campo que Dios el Señor había hecho, así que le preguntó a la mujer:

— ¿Es verdad que Dios les dijo que no comieran de ningún árbol del jardín?

— Podemos comer del fruto de todos los árboles —respondió la mujer—. Pero, en cuanto al fruto del árbol que está en medio del jardín, Dios nos ha dicho: "No coman de ese árbol, ni lo toquen; de lo contrario, morirán".

Pero la serpiente le dijo a la mujer:

— ¡No es cierto, no van a morir! Dios sabe muy bien que, cuando coman de ese árbol, se les abrirán los ojos y llegarán a ser como Dios, conocedores del bien y del mal.

La mujer vio que el fruto del árbol era bueno para comer, y que tenía buen aspecto y era deseable para adquirir sabiduría, así que tomó de su fruto y comió. Luego le dio a su esposo, y también él comió (Gén. 3:1-6).

¡Ser como Dios! Aquí encontramos el credo de nuestra era en versión primitiva y original.

Un personaje de la ficción de Gabriel García Márquez expresa esta idea con elocuencia: «Los seres humanos no nacen para siempre el día en que sus madres los alumbran, sino que la vida los obliga a parirse a sí mismos una y otra vez».[37] Esto parece una liberación, pero es ilusoria. Solo unos pocos como Nietzsche se dan cuenta de que esta audacia abre bajo nuestros pies el vacío abismal del nihilismo.[38]

---

[37]Gabriel García Márquez, *El amor en los tiempos de cólera* (Nueva York: Vintage Español, 1985), 221.

[38]«Negación de todo principio religioso, político y social» (RAE).

John Milton (1608-1674) entendió las consecuencias de la decisión tomada de aceptar la realidad alternativa. En su poema *Paraíso perdido*, Satanás exclama: «¡Ah, miserable! ¿Por dónde huiré de aquella cólera sin fin, o de esta también infinita desesperación? Todos los caminos me llevan al infierno. Pero ¡si el infierno soy yo!».[39] Sin embargo, está convencido de que «es mejor reinar en el infierno, que servir en el cielo».[40]

Los seres humanos perdieron su inocencia, sus ojos fueron abiertos y sintieron vergüenza por su desnudez. En vez de esperar con gozo la visita de Dios, se escondieron de Su presencia. La maldición se extendió a cada dimensión de la vida e introdujo algo que, a pesar de la advertencia divina, Adán y Eva no se habían imaginado: «Por medio de un solo hombre el pecado entró en el mundo, y por medio del pecado entró la muerte; fue así como la muerte pasó a toda la humanidad, porque todos pecaron» (Rom. 5:12). Es trágico decirlo, pero toda la creación fue sujeta a vanidad por nuestra causa y la muerte invadió cada rincón del mundo (Rom. 8:20).

Parecía que no quedaba esperanza, pero Dios intervino por Su sola gracia. Introdujo un sistema de sacrificio que anticipaba Su remedio definitivo en la muerte de Cristo en la cruz. Sin embargo, muchos descendientes de Adán prefirieron trazar su propio camino. Caín se empecinó en ofrecerle a Dios un sacrificio que le parecía mejor. Su insistencia en no ofrecer un cordero, sino productos agrícolas producidos por sus propias manos anticipa las espiritualidades construidas por nosotros: los zigurats y las pirámides que vemos regados por el mundo a través de toda la historia.

Pronto los seres humanos tomaron otro paso: la idolatría. El pecado todo lo tuerce y los seres humanos desvirtúan la capacidad creativa que le fue concedida por su Creador con la fabricación de sus propios dioses. Como dijo Juan Calvino:

---

[39] John Milton, *Paraiso Perdido*, IV, 73-78.
[40] Ibíd., I, 258-263.

La naturaleza del hombre, por así decirlo, es una fábrica perpetua de ídolos [...]. La mente del hombre, llena de orgullo y audacia, se atreve a imaginar un dios según su propia capacidad; a medida que avanza lentamente, ciertamente abrumado por la ignorancia más burda, concibe una irrealidad y una apariencia vacía como dios.[41]

La idolatría deshonra a Dios y nos deshumaniza. Como dice el salmista: «Pero sus ídolos son de oro y plata, producto de manos humanas» (Sal. 115:4). A pesar del cuidado ejercido en su fabricación, ellos carecen de toda evidencia de vida: «Tienen boca, pero no pueden hablar; ojos, pero no pueden ver; tienen oídos, pero no pueden oír; nariz, pero no pueden oler; tienen manos, pero no pueden palpar; pies, pero no pueden andar; ¡ni un solo sonido emite su garganta!» (Sal. 115:5-7). No solo son incapaces de responder a las oraciones de sus fabricantes, sino que sus fabricantes «se volverán como ellos, los que los hacen, y todos los que en ellos confían» (Sal. 115:8, LBLA).

LA REDENCIÓN

Adán y Eva son echados del huerto, pero no sin antes recibir una promesa de Dios, quien declaró lo siguiente mientras maldice a la serpiente:

> Pondré enemistad entre tú y la mujer,
>   y entre tu simiente y la de ella;
> su simiente te aplastará la cabeza,
>   pero tú le morderás el talón (Gén. 3:15).

Aquí encontramos lo que se ha denominado el protoevangelio, es decir, el primer anuncio anticipado de las buenas nuevas en la historia. Dios enviaría un segundo Adán, un nuevo representante de la raza humana, quien por Su obediencia perfecta y Su autosacrificio

---

[41] Juan Calvino, *La institucion de la religion cristiana*, 1.11.8.

revertiría la maldición producida por nuestra autoexaltación rebelde. El espejo de la creación se había estrellado, pero Dios ofrecía esperanza.

Los primeros tres capítulos de Génesis forman una introducción a la Biblia. Todos los hilos temáticos encuentran allí su comienzo. El resto de la Biblia trata dos temas en paralelo. Primero expone los resultados devastadores del pecado, es decir, el largo reinado de la muerte. Hay una segunda línea narrativa esperanzadora que se entreteje con esta historia de soberbia y muerte: la de la redención y el paulatino acercamiento de Dios a nosotros.

A través de todo el Antiguo Testamento se relata el desenvolvimiento gradual del plan de Dios de restaurarnos a la relación con Él. Los encuentros propiciados por Dios con distintos hombres como Noé, Abraham, Moisés y David hacen que Dios restablezca la relación de pacto que se había destruido por la desobediencia de Adán y Eva. Dios les revela a los seres humanos el camino de la vida y de la bendición por medio de cada pacto: «Obedézcanme. Así yo seré su Dios, y ustedes serán mi pueblo. Condúzcanse conforme a todo lo que yo les ordene, a fin de que les vaya bien» (Jer. 7:23) Además, con cada pacto se anticipa la llegada de un nuevo Adán, un mejor representante de la humanidad.

Mi esposa y yo seguimos un plan de lectura de la Biblia que permite leerla completa en dos años. Al inicio del segundo año se llega al Nuevo Testamento. Ha sido de mucho provecho la lectura del Antiguo Testamento porque se pone en evidencia la paciencia de Dios y Su control soberano sobre la historia. Además, una y otra vez se percibe la larga sombra de Jesús. Sin embargo, sinceramente, a pesar del enorme provecho que sacamos del Antiguo Testamento, después de muchos meses, su lectura se vuelve a veces pesada y tediosa. La acumulación de rebeldías y pecados del pueblo escogido hace que cueste asimilar la repetida paciencia de Dios. Siempre nos ha llamado la atención la sensación de alivio que sentimos al pasar a las primeras páginas del Nuevo Testamento. Recordamos las palabras del profeta Isaías citadas por Mateo: «El pueblo que habitaba en la oscuridad ha visto una gran luz; sobre los que vivían en densas tinieblas la luz ha resplandecido» (Mat 4:16).

Los cuatro Evangelios relatan las buenas nuevas de Jesús, un nuevo representante de la humanidad, un campeón que venía a «destruir las obras del diablo» (1 Jn. 3:8). C. S. Lewis capta la idea en las crónicas de Narnia cuando el león, Aslan, una figura de Cristo, derrota a la malvada bruja que había congelado todo bajo un manto de nieve: «El mal se trocará en bien, cuando Aslan aparezca. Ante el sonido de su rugido, las penas desaparecerán. Cuando descubra sus dientes, el invierno encontrará su muerte. Y cuando agite su melena, tendremos nuevamente primavera».[42]

Lewis busca transmitir la sensación de la liberación en Jesucristo de la tiranía del pecado y de la muerte. Pablo lo describe de esta manera: «Pero la transgresión de Adán no puede compararse con la gracia de Dios. Pues, si por la transgresión de un solo hombre murieron todos, ¡cuánto más el don que vino por la gracia de un solo hombre, Jesucristo, abundó para todos!» (Rom. 5:15)

LA CONSUMACIÓN

La última etapa en el marco narrativo de la historia espiritual de la raza humana es la consumación. También se podría llamar restauración, pero creo que es mejor consumación. Se le podría llamar restauración porque se recupera lo perdido en la caída, pero consumación es mejor porque no es simplemente un volver al Edén. Se ha dicho que la Biblia comienza en un huerto y termina en una ciudad. Efectivamente, esperamos la nueva Jerusalén, aquella ciudad luminosa no hecha con manos humanas (Heb. 11:10; Apoc. 21:2).

Esta etapa final representa el cumplimiento de una promesa. Jesús dijo a Sus discípulos:

No se angustien. Confíen en Dios, y confíen también en mí. En el hogar de mi Padre hay muchas viviendas; si no fuera así, ya

---

[42]CS Lewis, *El León, la Bruja, y el Ropero*, (Nueva York: Harper Trophy, 2002), 22.

se lo habría dicho a ustedes. Voy a prepararles un lugar. Y, si me voy y se lo preparo, vendré para llevármelos conmigo. Así ustedes estarán donde yo esté (Juan 14:1-3).

La intuición humana de que el universo tiene propósito, direccionalidad y que avanza hacia un final coherente con la trama, parece irresistible. Irónicamente, al ateísmo le cuesta desprenderse de la esperanza que genera la escatología cristiana. Muchos imaginan futuros utópicos cuando los seres humanos hayan adquirido los poderes de los dioses por medio de la tecnología. Otros apuestan al supuesto avance inevitable hacia la utopía del proletariado postulado por Marx. Lo que el ateísmo no logra explicar es cómo podemos confiar que habrá un final feliz en la historia sin un autor quien la escriba.

Cuando vuelva el Señor con estruendo de trompetas se sanará la herida mortal infligida a la creación y a nosotros mismos por nuestro pecado. Dios juzgará a los pueblos y las injusticias de miles de años, la corrupción, los atropellos políticos y las matanzas genocidas serán retribuidas. En ese día serán destruidas las armas, el leopardo descansará junto al cordero y «no harán ningún daño ni estrago en todo mi monte santo, porque rebosará la tierra con el conocimiento del Señor como rebosa el mar con las aguas» (Isa. 11:9).

¿DÓNDE NOS ENCONTRAMOS?

Esta estructura de creación, caída, redención y consumación explica la historia de nuestra raza humana. Es la historia de la redención. Tiene implicaciones importantes para el estudio de lo que la Biblia dice sobre eventos venideros (la escatología), la defensa de la fe (la apologética) y cómo debemos entender y relacionarnos con el mundo (la cosmovisión). Pero nuestro propósito no ha sido ahondar en esos temas, sino simplemente orientarnos en el plan de Dios con el fin de entender mejor nuestra vida espiritual en estos tiempos. Tim Chester ha notado que como individuos hay puntos de contacto con cada una de estas etapas. La creación me ayuda a entender quién soy y quién debo ser. La caída me indica cuál es mi problema y el del mundo. La redención me ofrece la solución. La consumación me da esperanza para el futuro.

La encarnación representa el evento más grande de la historia de la humanidad hasta el momento. Jesús vino a liberarnos del pecado y la muerte, y cumplió esa misión. Sin embargo, ahora vivimos en un tiempo intermedio esperando Su regreso. Como dijeron los ángeles a los discípulos: «Galileos, ¿qué hacen aquí mirando al cielo? Este mismo Jesús, que ha sido llevado de entre ustedes al cielo, vendrá otra vez de la misma manera que lo han visto irse» (Hech. 1:11).

Estamos viviendo un extraño entretiempo. La victoria decisiva se ha ganado, pero nos encontramos todavía en lucha. Esta lucha se experimenta en relación con el mundo que nos rodea y en nuestro propio mundo interior. Anhelamos la restauración de todas las cosas. Pablo dice que la creación entera «gime a una, como si tuviera dolores de parto» (Rom. 8:22). Nosotros también sufrimos, aunque «considero que en nada se comparan los sufrimientos actuales con la gloria que habrá de revelarse en nosotros» (Rom. 8:18).

Los teólogos describen nuestros tiempos como el período del «ya, pero todavía no». Cristo ha vencido en la cruz, ya reina desde los cielos, pero hace falta extender Su autoridad sobre cada rincón del planeta y cada dimensión de la creación, «porque es necesario que Cristo reine hasta poner a todos sus enemigos debajo de sus pies» (1 Cor. 15:25).

¿Cómo podemos entender esta victoria decisiva pero parcial? Una buena ilustración sería la invasión de Europa ocupada por los nazis. En el Día D, las fuerzas aliadas ganaron la victoria decisiva cuando lograron desembarcar sus ejércitos en las playas de Normandía. A partir de ese momento, el ejército nazi ya no tenía posibilidades de ganar la guerra. Sin embargo, la victoria inicial del Día D debía extenderse por casi once meses de combate hasta alcanzar la victoria final.

Cristo ganó en la cruz la victoria decisiva sobre Satanás, el pecado y la muerte (Col. 2:13-15). Ahora esa victoria se extiende por medio de batallas en dos campos: el mundo y nuestros propios corazones. Se extiende esta victoria en el mundo por medio de nuestro testimonio y se extiende esta victoria en nuestros corazones por medio de la lucha de cada uno por vivir vidas santas y consagradas.

En los próximos capítulos veremos más sobre estas dos luchas que son las que nos ocupan como creyentes en este tiempo. Por ahora, afirmamos que ya existen zonas liberadas y vivimos con esperanza del futuro. Más aun, se sigue avanzando sobre el territorio ocupado por el enemigo. En el encuentro de Jesús con la mujer samaritana, Él le indicó que Su llegada al mundo marcaba el punto de inflexión: «Pero se acerca la hora, y ha llegado ya, en que los verdaderos adoradores rendirán culto al Padre en espíritu y en verdad, porque así quiere el Padre que sean los que le adoren» (Juan 4:23). El Padre sigue buscando adoradores que le adoren en espíritu y verdad.

Tercera parte:
NUESTRA LUCHA

En la lucha que ustedes libran contra el pecado, todavía no han tenido que resistir hasta derramar su sangre.

Hebreos 12:4

Capítulo 9

La guerra en contra del pecado

El presidente Abraham Lincoln firmó la *Proclamación de emancipación*, declarando que todas las personas esclavizadas en los estados rebeldes «son, y en adelante serán, libres» el 1 de enero de 1863. Esta proclamación no solo liberó a los esclavos, sino que permitió que lucharan en las fuerzas militares en contra de los ejércitos que apoyaban su esclavitud. Así fue como se formaron unidades de infantería de afroamericanos que combatieron con los ejércitos de la Unión. Muchos soldados negros lucharon con gran valentía. Dieciséis de ellos ganaron la medalla de honor del Congreso de Estados Unidos, el máximo reconocimiento militar.

Cuando Jesús murió y resucitó se emitió una proclamación de libertad espiritual. Si Cristo nos hace partícipes de esa libertad al justificarnos delante del Padre y entendemos el valor de esta libertad, nos deberíamos apropiar de sus beneficios y unirnos a la lucha. Pero debemos entender que defender nuestros derechos adquiridos implicará la guerra.

En la sección anterior de este libro vimos las bendiciones que gozamos producto de la obra de Cristo. Somos unidos a Cristo en relación íntima por Su gracia. Como consecuencia, se nos abre la comunión con el Dios trinitario. En el capítulo anterior observamos dónde nos encontramos en este momento histórico: disfrutamos de la relación con Dios, pero estamos en un pasaje de la historia entre la primera y segunda venida de nuestro Rey. Por lo tanto, nos unimos a la lucha, ya que «es necesario que Cristo reine hasta poner a todos sus enemigos debajo de sus pies» (1 Cor. 15:25). En esta nueva sección, queremos analizar más de cerca esta lucha, sus características y aprender a cómo ganar la victoria.

LAS CUATRO CONDICIONES DEL SER HUMANO

En la guerra se distingue entre estrategia y tácticas. La estrategia sirve para guiar un ejército a gran escala porque contempla la disposición de fuerzas y recursos a nivel nacional en el curso de toda una guerra. La táctica se refiere a la implementación de la estrategia al nivel de una compañía o pelotón de soldados en tiempos y extensiones geográficas reducidos. La estrategia considera, por ejemplo, cómo derrotar a todo el ejército alemán en la Segunda Guerra Mundial. La táctica, en cambio, enmarca las acciones necesarias para ocupar un puente clave o reducir un puesto de ametralladoras. Los generales son estrategas, mientras que de la táctica se ocupan los tenientes, sargentos y soldados rasos.

El lector de la historia bélica suele encontrar dos tipos de libro. Hay muchos libros sobre la Segunda Guerra Mundial que narran la historia a gran escala. Allí se examinan los movimientos de los ejércitos y las decisiones de los generales más importantes. Hay otros libros que relatan la historia de la guerra a nivel táctico. Estos relatos son más personales porque observamos la lucha por medio de los ojos de unos pocos soldados. La película *Rescatando al soldado Ryan* representa la guerra a nivel táctico.

La historia de la redención que vimos en el capítulo 8 nos permite entender el cuadro estratégico de Dios. En este capítulo veremos ideas relacionadas, pero ahora al nivel táctico. De la gran estrategia se ocupa Dios, pero también actúa a nivel táctico, porque justamente en este nivel nos movemos nosotros.

El puritano Thomas Boston (1676-1732) escribió una obra[43] que describe los cuatro estados de la naturaleza humana. Estos cuatro

---

[43] *Human Nature in its Fourfold State* [Naturaleza humana en sus cuatro estados].

estados o condiciones representan el desarrollo moral de los descendientes de Adán, toda nuestra raza humana. Estos ayudan a formar una perspectiva táctica en el contexto de las cuatro etapas estratégicas de la cosmovisión bíblica que vimos en el capítulo anterior. Las etapas de la cosmovisión bíblica tienen como enfoque amplio no solo nuestra raza, sino el plan cósmico de Dios de recuperación de toda la creación. En cambio, las cuatro condiciones del ser humano de Boston analizan este mismo desarrollo, pero enfocando más de cerca la condición del alma de cada descendiente de Adán.

Entender en qué consisten estas etapas ayuda al creyente a evitar la frustración de las expectativas no realistas. A la vez, como veremos en este capítulo, nos permiten profundizar en el análisis del pecado. Hemos visto la gravedad del pecado anteriormente, pero verlo más de cerca nos servirá para entenderlo mejor como el enemigo que enfrentamos a diario.

Las cuatro etapas de Boston son la integridad primitiva, la depravación total, la recuperación comenzada y la felicidad (o miseria, según el caso) consumada. Estas etapas son bíblicas, pero Boston se apoyó en ideas similares de Agustín de Hipona para su explicación. Para describir las cuatro etapas espirituales, Agustín usó una serie de frases latinas que podrían parecer trabalenguas. La razón para incluirlas no es porque sea necesario recordarlas, sino porque son descripciones escuetas y útiles que, al traducirlas, nos ayudan a entender los conceptos.

LA INTEGRIDAD PRIMITIVA

La primera etapa de Boston es la integridad primitiva. Considera la condición de nuestra raza en el Edén antes de la caída. Agustín describe esta primera etapa como *posse peccare, posse non peccare*. Es decir, el hombre podía pecar, como también podía no pecar. Adán y Eva existían en un estado de inocencia, pero el potencial de caer era latente. Disfrutaban las bendiciones de vivir en un ambiente ideal y de poder desarrollar todo su potencial humano al cuidar de la creación. Adán y Eva se amaban y disfrutaban una relación íntima con

Dios. Todo se arruinó cuando escucharon la gran mentira de la serpiente y buscaron acceder a la supuesta condición de dioses.

LA DEPRAVACIÓN TOTAL

Agustín describe esta segunda etapa de Boston como *non posse non peccare*. Simplemente, no podían no pecar. La naturaleza humana sufrió una terrible herida y nuestra depravación es total como consecuencia de la caída. El ser humano ya no era capaz de evitar el pecado y no podía hacer ninguna cosa por su propia cuenta que lo salvara de su condición de condenación. En esta condición hemos nacido todos sin excepción. Esta es la condición que las Escrituras comparan con la esclavitud o la muerte espiritual. La frase «depravación total» nos resulta desagradable, pero antes de rechazarla es muy importante hacernos dos preguntas. Primero, ¿he entendido la idea correctamente? La teología depende de la precisión. Por lo tanto, es importante entender cuál es el sentido preciso de la frase. Segundo, ¿el concepto teológico tiene claro fundamento bíblico? Trataremos de contestar estas dos preguntas.

LA RECUPERACIÓN COMENZADA

Los que han experimentado el nuevo nacimiento viven una nueva etapa que Agustín describe como *posse non peccare*, es decir, que es posible no pecar. El pecado todavía existe como opción, pero a partir de la obra de Cristo a nuestro favor en la cruz, aunque el pecado todavía asedia, somos libres de su dominio absoluto. Se han caído las cadenas que nos esclavizaban, brota en nosotros una nueva vida, pero el conflicto con el pecado permanece y resulta a veces cruel. Estamos en pie de guerra, pero esperamos la victoria definitiva cuando vuelva Cristo por segunda vez.

LA FELICIDAD CONSUMADA

Agustín describe la condición del ser humano en esta última etapa como *non posse peccare*, es decir, que no puede pecar. Es la etapa de la glorificación de Cristo y también de la nuestra con Él. Se produce en los hijos de Dios una transformación de la naturaleza que, disfrutando plena libertad, encuentran imposible el pecado y la rebelión contra su Dios.

Cuando veamos a Jesús seremos transformados definitivamente; seremos como Él es (1 Jn. 3:2). Sin embargo, la lucha todavía continúa. Esta etapa se llama la felicidad o miseria consumada en el esquema de Thomas Boston. Cristo juzgará al mundo al comienzo de esta etapa. Los redimidos gozarán de la infinita gracia de Dios. Los que rechazaron a Cristo serán apartados de Él al juicio eterno.

UN ESTADO DE GUERRA

Como vimos, la tercera etapa de Boston es la restauración comenzada. En esa etapa nos encontramos los que hemos conocido a Cristo. Según Agustín, es la etapa de *posse non peccare*: es posible no pecar. Lo que estas breves descripciones todavía no revelan es la gran ambivalencia que vivimos en esta etapa y la dificultad del estado de guerra en que nos encontramos ahora, al estar en el *ya, pero todavía no*. Como los soldados afroamericanos de la guerra civil, ahora nos encontramos en una lucha por consolidar nuestra libertad personal.

Pablo habla de esta gran transición cuando habla de que antes de conocer a Cristo éramos esclavos: «Antes, cuando no conocían a Dios, ustedes eran esclavos de los que en realidad no son dioses» (Gál. 4:8). Luego nos desafía a entender las implicaciones del cambio: «Pero, ahora que conocen a Dios —o más bien que Dios los conoce a ustedes—, ¿cómo es que quieren regresar a esos principios ineficaces y sin valor? ¿Quieren volver a ser esclavos de ellos?» (Gál. 4:9-10).

Con la conversión experimentamos una nueva realidad maravillosa. Somos en Cristo nuevas criaturas, «¡lo viejo ha pasado, ha llegado ya lo nuevo!» (2 Cor. 5:17). La vida toma otro color, empieza a tener sentido y nace una esperanza nueva. Sin embargo, al mismo tiempo, empezamos a descubrir ciertos defectos en Sus seguidores, en nosotros mismos, pero no en Cristo. Encontramos que no todas las tentaciones han cedido y que los otros cristianos no siempre son ejemplos de amor y madurez. A veces las palabras ásperas se escapan y los ideales de Cristo no se reflejan perfectamente en la vida de la Iglesia. Hasta la mejor iglesia exhibe una mezcla de luz y sombras. Incluso, justamente porque hemos conocido la luz del evangelio, las sombras nos parecen más oscuras.

Lo peor ocurre cuando empieza a enfriarse ese fervor inicial; empezamos a ceder y fácilmente volvemos a patrones de la vida anterior. Entonces se establece una lucha interior y la vida cristiana se podría convertir en una inmensa frustración. No podemos volver alegremente al estilo pecaminoso de antes porque ya hemos percibido la suciedad asquerosa del pecado. Pero parece que tampoco podemos sacarlo de encima de nosotros.

Encontramos que todavía el pecado sobrevive en nosotros. Tenemos nuevos impulsos santos, pero las adicciones pecaminosas de nuestra antigua forma de vivir todavía nos tientan. Vivimos una especie de «esquizofrenia» espiritual. El viejo hombre es como un zombi que nos persigue y se asoma por la ventana del corazón. Es repulsivo, pero intenta disimular aun su naturaleza hedionda con la seducción de antiguos placeres. Creíamos que había desaparecido, pero ahora clamamos angustiados como Pablo: «¡Soy un pobre miserable! ¿Quién me librará de este cuerpo mortal?» (Rom. 7:24). Ha empezado la batalla que enfrentaremos por el resto de nuestros días terrenales: la lucha por la santidad.

Es una lucha feroz. Debemos entender que puede llegar a ser una lucha que requiera que derramemos sangre (Heb. 12:4). Esa es la razón por la que en el Nuevo Testamento se describe como una guerra. Pablo, por ejemplo, nos dice que debemos ponernos toda la armadura de Dios para resistir al diablo (Ef. 6:10-18). También enseña que hemos sido tomados como soldados y que ahora nuestro propósito es agradar a nuestro capitán y que esto se hace desenredándonos de los negocios de la vida común y aceptando una vida marcada por las penalidades (2 Tim. 2:3-4). Estamos en guerra, pero hemos sido liberados por Jesús, nuestro gran Capitán. Nuestra victoria esta asegurada porque Él nos guía, pero por ahora las balas zumban cerca de nosotros y a veces solo logramos avanzar muy poco y con mucho esfuerzo.

LUCHAMOS POR LA VIDA

Si la lucha por la santidad resulta tan difícil, podemos preguntarnos: ¿por qué vale la pena? La santidad bíblica es consagración, la separación de algo para un uso sagrado. El Señor le dice al pueblo de Israel: «Sean ustedes santos, porque yo, el SEÑOR, soy santo, y los he distinguido entre las demás naciones, para que sean míos» (Lev. 20:26). Aquí vemos dos aspectos fundamentales de santidad: la separación *de* algo y la separación *para* algo.

Al liberar de la esclavitud al pueblo en Egipto, Dios buscaba *distanciarlos de* algo —la idolatría de ese país—. Al entrar a la tierra prometida, Dios buscaba *guardarlos de* una falsa religión que no solo adoraba a ídolos, sino que ofrecía sacrificios humanos. Dios buscaba crear alrededor de ellos un cordón sanitario.

Escribo estas palabras en medio de la pandemia de la COVID-19. Ahora el mundo entero se ha familiarizado con la práctica sanitaria de la cuarentena. No es agradable estar encerrado, pero conozco varias personas que han perdido familiares y amigos debido a que fueron infectados. Al igual que la cuarentena, la práctica de la santidad conserva vidas.

Lamentablemente, en el caso de la santidad, tenemos la tendencia de solo entenderla como privación. Creemos que solo consiste en una larga lista de cosas que «no» debemos hacer. Más aún, creemos que, en general, las cosas prohibidas son precisamente las que más placer nos producen. Sin embargo, esta idea realmente indica una imaginación empobrecida.

La santidad no solo implica la separación *de* algo, sino también *poseer y proteger* otra cosa de valor. La vida piadosa, la búsqueda de la santidad, representa un compromiso con la vida. Creo que debe ser solo una coincidencia, pero me parece interesante que en inglés la palabra *holiness* (santidad) se parece mucho a la palabra *wholeness* (integridad o sanidad). De la misma forma, en español *santidad* se parece a *sanidad*. Más allá de las conexiones filológicas, los dos conceptos en sí se relacionan. Una de las imágenes más fuertes empleadas en la Biblia para representar la contaminación del pecado es la lepra. De forma contraria, la santidad se asocia a imágenes de vida y florecimiento:

> Dichoso el hombre que no sigue el consejo de los malvados, ni se detiene en la senda de los pecadores ni cultiva la amistad de los blasfemos, sino que en la ley del Señor se deleita, y día y noche medita en ella. Es como el árbol plantado a la orilla de un río que, cuando llega su tiempo, da fruto y sus hojas jamás se marchitan. ¡Todo cuanto hace prospera!

> En cambio, los malvados son como paja arrastrada por el viento. Por eso no se sostendrán los malvados en el juicio, ni los pecadores en la asamblea de los justos.

> Porque el Señor cuida el camino de los justos, mas la senda de los malos lleva a la perdición (Sal. 1).

Aquí observamos la *separación de* algo, los impíos, y la *separación hacia* algo, la ley del Señor.

Las Escrituras también comparan la santidad con el matrimonio. Todos entendemos el gozo que representa el casamiento de dos jóvenes comprometidos. En la imagen de un novio apuesto y una novia radiante, quien está vestida de blanco representativo de la pureza, vemos la promesa de amor, placer y vida. Los novios toman votos de fidelidad. Violar esos votos los conduce a la muerte. Por contraste, la fidelidad representa un compromiso con el otro, con la unión de los dos, con la vida y con el amor.

Pablo compara el matrimonio con la relación de Jesús con Su Iglesia:

> Esposos, amen a sus esposas, así como Cristo amó a la iglesia y se entregó por ella para hacerla santa. Él la purificó, lavándola con agua mediante la palabra, para presentársela a sí mismo

como una iglesia radiante, sin mancha ni arruga ni ninguna otra imperfección, sino santa e intachable (Ef. 5:25-27).

El concepto de la santidad se entreteje con las ideas de un marido heroico y sacrificado y el de una esposa bella, pura y gloriosa. Hemos sido liberados de las cadenas de la idolatría, de la mugre del vicio y del temor a la muerte. La belleza de Cristo nos llama a la adoración.

Todos los dioses de las naciones no son nada,
pero el Señor ha creado los cielos.
El esplendor y la majestad son sus heraldos;
hay poder y belleza en su santuario (Sal. 96:5-6).

NO VUELVAS A PECAR

Jesús le ofreció a la mujer samaritana el agua pura de la vida. Le hizo ver que el anhelo profundo de amar y ser amada, que nunca fue satisfecho en sus muchas relaciones románticas con los hombres de su pueblo, podía satisfacerse en una vida dedicada a la «adoración en espíritu y verdad». El encuentro de Jesús con la mujer samaritana no fue el único que tuvo con mujeres pecadoras mal vistas por la gente. Juan nos presenta el relato que se conoce como el de la mujer sorprendida en adulterio. Ciertos hombres la trajeron a Jesús, la acusaron de adulterio e insistieron que era necesario apedrearla. Hay una ausencia evidente que nos hace preguntarnos: ¿por qué no trajeron al hombre que había adulterado con ella? Algo no estaba bien y su hipocresía quedó expuesta por las palabras de Jesús. Por unos momentos se inclinó para escribir algo con Su dedo en el polvo. Como los acusadores insistían, Jesús se enderezó y dijo sencillamente: «Aquel de ustedes que esté libre de pecado, que tire la primera piedra» (Juan 8:7). Jesús se inclinó de nuevo y los hombres fueron dejando el lugar uno por uno. Cuando Jesús se enderezó de nuevo, quedaba solamente la mujer. Jesús le preguntó: «Mujer, ¿dónde están? ¿Ya nadie te condena?». Cuando ella responde que ninguno, Él le dice: «Tampoco yo te condeno. Ahora vete, y no vuelvas a pecar» (Juan 8:10-11).

El Señor también nos dice a nosotros «no vuelvas a pecar». Jesucristo nos ha dado mandamientos. Estos definen nuestra situación táctica, considerando que hemos pasado de muerte a vida. Por la gracia del Señor quedó atrás para siempre la esclavitud. Ahora luchamos a capa y espada en contra de los embates del enemigo. Luchamos porque odiamos al enemigo y amamos a nuestro Señor. Por lo tanto, nos conviene estudiar las tácticas necesarias para resistir y ganar.

Capítulo 10

Reconocer el campo de batalla

En la vida de un soldado hay dos momentos decisivos en que descubre nuevas realidades. El primer momento ocurre cuando se incorpora a la vida militar y llega al entrenamiento básico. El segundo tiene lugar cuando va a la guerra y conoce por primera vez el campo de batalla. Hace poco leí una serie de novelas sobre un soldado en la Primera Guerra Mundial. Describía cómo los soldados, después de su entrenamiento básico, estaban convencidos de que podían ganar la guerra solos. Iban con mucho entusiasmo al frente, hasta que veían la realidad de las trincheras llenas de barro y ratas, el alambre de púa entre sus trincheras y las del enemigo, los tremendos obuses explosivos que caían como lluvia y el gas venenoso que los buscaba sigilosamente.

Aunque no nos guste, lo cierto es que vivimos ahora en un estado de guerra permanente. Por eso es conveniente que hagamos un reconocimiento del campo de batalla. En el capítulo anterior pudimos establecer la realidad de nuestra guerra personal y su relación con el gran plan estratégico de la redención. En el capítulo siguiente veremos cómo luchar cuerpo a cuerpo. Pero antes, en este capítulo, queremos estudiar el campo de batalla y sus condiciones. En especial, queremos enfocar la naturaleza de la batalla. A pesar de las condiciones a veces desalentadoras, esto nos ayudará a saber cuánto durará el conflicto. Además, debemos conocer la disposición de las fuerzas enemigas y las estrategias que usaremos en la defensa y el ataque. Gracias a Dios, no peleamos solos. En la última sección del libro vamos a ver las muchas bendiciones que tenemos, aun en medio de la batalla. La batalla es cruel, pero Dios no nos abandona, lucha a nuestro lado y nos llena de paz y gozo aun en medio de un bombardeo. Cristo, nuestro gran Capitán, nos acompaña en la lucha por la santificación.

¿Qué es la santificación? «La santificación es aquella obra de la libre gracia de Dios por la cual somos completamente restablecidos a la imagen de Dios, y puestos en capacidad de morir más y más al pecado y de vivir píamente».[44] Ahora consideraremos algunos aspectos de la lucha por la santidad que van a servir para marcar el entorno del campo de batalla.

NUESTROS ENEMIGOS SON PELIGROSOS

Empezamos con el reconocimiento de las fuerzas enemigas. Tenemos en realidad tres adversarios: el diablo, el sistema del mundo y nuestra propia tendencia al pecado (Ef. 2:1-3). El general sagaz siempre analiza las debilidades del enemigo y ataca justo en ese punto. Aunque el diablo y el mundo son contrincantes, nuestro flanco débil es nuestra propia carne. Nuestra carne es el enemigo que se ha infiltrado detrás de nuestras líneas y por eso debemos entender mejor su naturaleza.

Ya analizamos en el capítulo anterior nuestra realidad como creyentes que vivimos en la tercera etapa de Thomas Boston, la de la *recuperación comenzada*. En este capítulo queremos volver un paso atrás para analizar la etapa previa, una que todos vivimos antes de nuestra salvación, la de la depravación. Boston le asigna a la segunda etapa, el título de *la depravación total*.

Es posible que todos entendamos que somos pecadores, pero la idea de la depravación *total* no parece tener sentido. ¿No es acaso cierto que todos somos una mezcla de lo bueno y lo malo? Con la excepción de algunas figuras extremas como Hitler o asesinos seriales, no nos parece convincente la idea de la depravación total.

---

[44]Catecismo Menor de Westminster, Pregunta 35.

¿No es cierto que la mayoría también hacemos cosas buenas? Antes que nada, nos conviene darnos cuenta y reconocer que no somos observadores imparciales de nuestra condición. Dios dice: «Nada hay tan engañoso como el corazón. No tiene remedio. ¿Quién puede comprenderlo?» (Jer. 17:9). Solo Dios posee la objetividad necesaria para rendir un veredicto justo sobre nuestra condición.

Un ejemplo del relato de la vida del Rey David en el Antiguo Testamento me ayudó a entender el concepto de la *depravación total*. Hacemos cosas que parecen en sí muy buenas, pero en realidad son la expresión de un corazón rebelde y pecaminoso. El hijo de David, Absalón, era un hombre atractivo y de personalidad carismática. Como tenía ambiciones políticas, se paraba al lado del camino a la entrada de Jerusalén haciendo campaña política. Cuando alguien tenía un conflicto o un problema, él buscaba resolverlo. Absalón, no permitía que se postraran delante de él los que le venían a ver, sino que tomándolos de la mano los levantaba y los besaba. Obviamente, empezó a ganar el favor de la gente al hacer tantas cosas positivas. El texto aclara, sin embargo, que «así robó el corazón de los hombres de Israel» (2 Sam. 15:6, LBLA). Todo lo bueno que hacía era para socavar la autoridad legítima de su padre, el rey.

La Biblia no usa el término *depravación total* en sí, pero sí utiliza otras expresiones que significan lo mismo. Por ejemplo, como hemos visto, nos enseña que paradójicamente nacemos muertos. Pablo escribió: «En otro tiempo ustedes estaban muertos en sus transgresiones y pecados» (Ef. 2:1). Al nacer tenemos la bendición de poseer vida biológica, pero no vida espiritual. Poseemos la libertad de escoger diversos cursos de acción, pero no tenemos la capacidad de agradar a Dios por medio de ninguno de ellos. Es decir, somos como zombis, con libertad de movimiento, pero impulsados por deseos adictivos que nos esclavizan. Como los zombis, preferimos la oscuridad porque nuestras obras son condenables. Los teólogos lo llaman *incapacidad* a esta característica del pecado. No podemos hacer una sola cosa que nos salve. Esta incapacidad radica en la parte más profunda de nuestro ser, en nuestros afectos y nuestra voluntad. No podemos porque no queremos.

La frase *depravación total* describe la condición espiritual de cada ser humano antes de encontrarse con Cristo. Comprender que nuestra depravación es realmente *total* nos ayuda a entender dos cosas claves en la lucha por la santificación. En primer lugar, la depravación total nos ayuda a entender cómo es que el pecado sigue siendo una influencia tan fuerte en nuestras vidas, cuánto tendremos que esforzarnos para derrotarlo y cuánto nos hace falta la ayuda del Señor. El enemigo está herido de muerte, pero un león agonizante aún puede hacer mucho daño. En segundo lugar, explica por qué la salvación tiene que ser forzosamente *monérgica*, pero la santificación es *sinérgica*. A continuación, analizamos estos dos puntos.

NUESTRA SANTIFICACIÓN ES PROGRESIVA

El proceso de la santificación es progresivo. Esto significa que la lucha es en contra del pecado y el zombi de nuestra vieja naturaleza se mantiene hasta que se cierran las cortinas de esta vida terrenal. A veces la lucha es cruel y nos sentimos desanimados porque parece que no avanzamos. Parece que nunca vamos a poder salir de las trincheras enlodadas y peligrosas. A veces nos caemos y debemos luchar por ponernos de pie de nuevo.

La lucha suele ser tan feroz que podemos dudar de nuestra salvación. Yo encuentro que esta lucha y estas dudas son propias de un verdadero hijo de Dios. Por el contrario, la persona no regenerada no siente el peso de la lucha y no se preocupa por su condición espiritual.

También considero que el Señor tiende a trabajar en nosotros tomando un tema a la vez. A lo mejor comienza con cosas muy evidentes como nuestro orgullo, un carácter iracundo o adicciones puntuales que arrastramos de nuestra esclavitud antes de conocer a Cristo. Las raíces del pecado son profundas y cuando hemos arrancado algunas encontramos otras que todavía rodean nuestros corazones buscando estrangular nuestra vida espiritual.

Quisiéramos llegar a un estado de *santificación total*, pero lamentablemente en esta vida no es posible. Sin embargo, es posible experimentar un estado de *santificación sustancial*. Es decir, sin llegar a la perfección, podemos llegar a la madurez. Pero aun en la madurez, descubrimos nuevas profundidades de los efectos del pecado en nosotros y empezamos a anhelar con todo el corazón nuestra liberación consumada y definitiva.

Entender la naturaleza progresiva de la santificación nos ayuda a evitar caer en ciertos discursos simplistas que al final ofrecen poca ayuda y mucha confusión. Por ejemplo, algunos enseñan que la solución se encuentra en una «segunda experiencia» de la gracia de Dios. Es cierto que en nuestra vida cristiana podemos experimentar momentos en los que Dios derrama sobre nosotros Su gracia de forma especial, momentos cuando Su Espíritu parece llevarnos de una etapa de crecimiento a otra. Pero estas etapas de bendición son parte del largo proceso de la santificación y son el resultado de la obra inicial de gracia que Dios realizó en nosotros por el Espíritu Santo en el momento de nuestra conversión. En ese momento recibimos el Espíritu Santo y fuimos unidos con nuestro Salvador de forma definitiva e inamovible. Por lo tanto, recordemos que «toda la plenitud de la divinidad habita en forma corporal en Cristo; y en él, que es la cabeza de todo poder y autoridad, [hemos] recibido esa plenitud» (Col. 2:9-10).

Aquellos maestros que insisten en una segunda experiencia, una segunda unción, no han entendido que en Cristo yace toda la plenitud divina y que, por lo tanto, recibimos en el momento de la salvación la primera unción, toda la infinita bendición de Dios.

Existen muchas versiones de este error. Se enseña, por ejemplo, que el secreto de la vida cristiana se encuentra en recibir el don de lenguas, en caerse de espaldas en medio de la congregación, en limpiarse de pecados ancestrales, en atar a Satanás, en hacerse una liberación o experimentar la sanidad interior. Pablo dice que en realidad el secreto radica en entender la infinitud de la bendición que ya recibimos en el momento de nuestra salvación. Su oración por los creyentes de Éfeso era que simplemente entendieran las riquezas de la gloria que ya tenemos en Cristo como santos (Ef. 1:17-23).

La lucha se hace larga y agotadora, pero «en la lucha que ustedes libran contra el pecado, todavía no han tenido que resistir hasta derramar su sangre» (Heb. 12:4). Entonces, queridos hermanos, «renueven las fuerzas de sus manos cansadas y de sus rodillas debilitadas. "Hagan sendas derechas para sus pies", para que la pierna coja no se disloque, sino que se sane» (Heb. 12:12-14).

NUESTRA SANTIFICACIÓN ES SINÉRGICA

La lucha es larga y el enemigo es fuerte y astuto, pero el Señor no nos abandona en el campo de batalla. Él mismo nos lidera. En esta sección, queremos ver cómo llega esa ayuda divina.

Los creyentes todavía arrastramos de nuestra vida anterior la tendencia a vivir de forma autónoma. Reconocemos que solo Jesucristo nos pudo salvar de nuestros pecados, pero una vez que hemos sido salvos, nuestra vieja autonomía nos dice que ahora debemos valernos por nosotros mismos. Creemos que en esta guerra se espera que actuemos como caballeros andantes o superhéroes que salimos a desafiar al enemigo en combate singular. Cuando nos tumban de nuestro caballo como a Don Quijote, nos avergonzamos y juramos mejorar nuestro desempeño la próxima vez.

Ofrezco un ejemplo de mi propia vida espiritual. Mi primera experiencia con las disciplinas espirituales no fue buena. Hace muchos años, cuando era adolescente, asistí a una reunión masiva de un reconocido predicador que se especializaba en hablar a los jóvenes. Recuerdo que la predicación fue larga, pero emotiva y entretenida. Al final concluyó con el desafío de pasar al altar si no estábamos leyendo nuestras biblias y orando como debíamos. El predicador aseveraba que si uno realmente amaba a Cristo debía leer la Biblia por lo menos media hora por día y orar por lo menos otra media hora más.

Ahora me pregunto, si eres adolescente, ¿qué opción te deja en realidad un llamado así? Quedarte en tu silla equivalía decir una de dos cosas: «Ya soy una persona muy espiritual y no me hace falta» o alternativamente, «no soy una persona espiritual y sinceramente no me importa en lo más mínimo». Obviamente, todos pasamos en masa.

Por mi parte, me dolía de verdad reconocer que pasaba muy poco tiempo en oración y la lectura de la Biblia. Entonces, entre lágrimas, me comprometí a ser un creyente más espiritual y disciplinado. Tomé la decisión de levantarme una hora más temprano y leer la Biblia y orar todos los días. Me fue bien por un tiempo, pero luego de unas dos semanas, lo olvidé. Cuando me di cuenta me dije: «No hay problema, volvemos a comenzar de nuevo». Esta vez duró más o menos una semana y me olvidé de nuevo. Pasaron varios días antes de darme cuenta, pero volví a esforzarme, aunque se me hacía cada vez más difícil. La lectura me aburría y me daban ganas de dormir y durante mis oraciones no lograba concentrarme. Se hacía cada vez más difícil y me olvidaba cada vez más seguido. Parecía que en vez de avanzar espiritualmente iba en reversa.

Entonces tiré la toalla. Le expresé mi frustración a Dios y le dije que hasta que me diera las ganas de leer y orar no iba a intentar más. Entonces, así fue. Por meses no toqué la Biblia, excepto para llevarla a la iglesia. No dudé de mi fe, tampoco busqué rebelarme contra Dios. Todavía estaba muy seguro de ser Su hijo, pero sentía mucha frustración con mi vida espiritual en general. Luego de mucho tiempo, recuerdo haber tenido una duda, ya no recuerdo cuál, sobre algún detalle bíblico. Busqué la Biblia y casi por accidente terminé leyendo un libro completo. Creo que era una de las epístolas más cortas. Cuando terminé, me di cuenta de que nunca había leído un libro de la Biblia completo y sin parar. Lo sorprendente es que lo había disfrutado.

No puedo decir que a partir de ese momento mi vida espiritual mejoró notablemente o que aprendí a practicar correctamente las disciplinas espirituales. Lo que sí sé es que empecé a aprender una verdad clave: la voluntad propia no es suficiente para mantener una vida espiritual disciplinada y fructífera. Es muy bueno tener una vida estructurada de lectura y oración, pero sin el apoyo activo del Espíritu Santo, se vuelve legalismo, solo se trata de una espiritualidad «construida» por esfuerzo propio.

En espíritu y en verdad

¿QUÉ ES EL SINERGISMO?

Debemos entender la naturaleza *sinérgica* de la santificación. ¿Qué significa esto? La salvación en sí es *monérgica*, es decir, en la salvación, uno solo obra: Dios. Él nos busca y nos regenera. Nacemos nuevamente por voluntad de Dios y no por voluntad de algún ser humano (Juan 1:13). Dios, por Su soberana gracia, nos imparte vida nueva y la capacidad de entender y responder por fe. La fe en sí no es el motor de la salvación, sino la gracia divina. La fe es la réplica producida en nosotros por la gracia soberana de Dios.

Dios también nos santifica luego de habernos salvado. Pero este proceso santificador no es *monérgico*, sino *sinérgico*. Es decir, Dios obra en la santificación y nosotros también obramos. Por eso encontramos tantos imperativos en el Nuevo Testamento. No son simplemente expresiones retóricas. Dios nos llama a una obediencia activa.

Es importante mencionar que podríamos cometer uno de dos errores en relación con esta doctrina. El primer error es caer en la trampa del legalismo. Esta es la idea de que solo por esfuerzos propios uno puede hacer lo necesario para agradar a Dios. Este fue mi primer error en el relato sobre mi adolescencia.

El segundo error ocurre cuando pensamos que la santificación depende únicamente de la actividad de Dios y adoptamos una postura pasiva. A principios del siglo pasado tomó auge el movimiento Keswick. Nació en un centro de conferencias y campamentos en Inglaterra donde se enseñaba que la solución ante la lucha continua con el pecado era la de «*let go and let God*» —algo así como «deja de luchar y deja que Dios obre»—. Es decir, la fe toma una postura pasiva y, sin hacer esfuerzo alguno, espera que Dios haga la obra. Esto suena muy espiritual, pero ignora los muchos imperativos del Nuevo Testamento. De cierta forma, cometí este segundo error cuando en mi frustración decidí no seguir leyendo la Biblia.

El camino de la santificación realmente pasa por el medio de estos dos extremos. Es misterioso, pero Dios, sin ceder Su absoluta soberanía, nos libera para obedecerle por nuestra propia voluntad. Lo que quiero decir es que Él produce en nosotros tanto el querer como el hacer (Fil. 2:13). Por lo tanto, somos llamados a ocuparnos en nuestra salvación con temor y temblor (Fil. 2:12).

Esto se podría ilustrar con la historia de un paciente que se recupera de una grave enfermedad. Tan devastador ha sido su mal que ha perdido el uso de sus miembros, pero un médico lo cura. A pesar de haber eliminado la enfermedad original, la recuperación de la movilidad requiere un largo y arduo proceso de terapia. Esta terapia depende del médico, pero también requiere la participación del paciente. El paciente se apoya en el conocimiento y hasta la fuerza física del médico para pararse y tomar sus primeros pasos, pero el esfuerzo es también del paciente. El proceso es doloroso y a veces desanima al paciente, pero el médico le asegura que bajo su cuidado volverá a caminar. Con el paso del tiempo, el paciente recupera la movilidad y la libertad de acción. Quedan algunas secuelas del daño causado por la enfermedad y, a veces, el paciente tropieza, pero con ayuda constante logra la tan ansiada libertad de movimiento.

Esta escena ilustra nuestra necesidad de tomar pasos. Revela que el proceso de la santificación depende de nuestra unión con Cristo en cada paso que tomamos. Este proceso depende del hecho de que, de forma maravillosa, «nos dio vida con Cristo, aun cuando estábamos muertos en pecados» (Ef. 2:5). Ahora estamos en «Cristo Jesús, a quien Dios ha hecho nuestra sabiduría —es decir, nuestra justificación, santificación y redención—» (1 Cor. 1:30).

UN EJEMPLO NEGATIVO

Es útil que contrastemos esta postura bíblica con la del misticismo católico que tiene tanta influencia en nuestra cultura. La espiritualidad bíblica es la experiencia de la gracia de Dios que llega a nosotros por nuestra unión con Cristo. Esto distingue la espiritualidad bíblica de todas las otras formas de espiritualidad existentes. De hecho, la espiritualidad bíblica presenta contornos muy distintos a las diversas formas de misticismo provenientes de fuentes como el neoplatonismo, las religiones orientales como el hinduismo o el budismo, y de místicos católicos como Teresa de Ávila o Juan de la Cruz. En estas versiones de la espiritualidad, el peso de la responsabilidad recae sobre nosotros al ser responsables de lograr un avanzado nivel de intuición por medio de técnicas esotéricas o las privaciones del ascetismo. La Biblia, sin embargo, nos enseña que Dios llega a nosotros.

Para el misticismo católico, la meta de toda espiritualidad —la visión beatifica, la experiencia de Dios— es el fin de un arduo proceso que podemos describir en tres pasos:

1. El esfuerzo ascético para remover impurezas y distracciones mundanas.

2. La iluminación que revela realidades espirituales muchas veces incomunicables.

3. La unión con Dios.

Sin embargo, la Biblia invierte este orden. El punto final del proceso místico es en realidad donde comienza la vida espiritual bíblica. La genuina espiritualidad empieza por la unión con Cristo:

1. La unión con Cristo por medio de la obra regeneradora del Espíritu Santo.

2. La iluminación por el Espíritu Santo de las verdades bíblicas que, a diferencia del misticismo, pueden ser expresadas en palabras.

3. El crecimiento en santificación.

El proceso empieza con un encuentro iniciado por Dios que transforma radicalmente nuestra vida. Esto solo puede ser producto de la gracia. La iglesia católica rechaza la doctrina reformada y bíblica de la depravación total. Las consecuencias son graves. La doctrina de la depravación total nos indica que la única esperanza que podemos tener se encuentra en la acción *monérgica* salvadora y regeneradora del Dios trinitario. El muerto vive de nuevo solo si Dios lo hace vivir. Por contraste, la iglesia católica enseña que el ser humano conserva suficiente gracia innata para que, con un poco de ayuda, pueda empezar a transitar el camino de la santidad. Por delante está la meta de lograr santidad suficiente, con ayuda, por supuesto, de algo de la gracia de Dios para ameritar la visión beatifica. Lamentablemente, pocos encuentran la capacidad de avanzar por el arduo camino. En realidad, intentan algo imposible porque el hombre muerto no tiene la más mínima capacidad.

Como resultado, la iglesia se divide entre un pequeño grupo selecto de superdotados atletas espirituales capaces de dedicarse a las privaciones necesarias, y la masa del pueblo laico que se resigna a limpiar sus pecados en el purgatorio. La triste verdad es que ni los monjes más dedicados encuentran la paz. El monje Martín Lutero dijo: «Fui un buen monje, y cumplí las reglas de mi orden tan estrictamente que podría decir que, si alguna vez un monje llegaba al cielo por su vida monástica, ese era yo. Todos mis hermanos en el monasterio que me conocieron bien lo respaldarían».[45] Lutero estaba convencido de que, si hubiera seguido por más tiempo, se hubiera matado con vigilias, ayunos, lecturas y otras obras. Por el contrario, encontró la paz cuando entendió por las Escrituras que el justo por su fe vivirá (Rom. 1:17).

La lucha es larga y nuestros enemigos feroces, pero tenemos el respaldo de nuestro gran Capitán, Jesucristo. Entonces, ¡a las armas! Como escribió John Owen:

La santidad, sin duda, se perfecciona en el cielo, pero se comienza invariable e inalterablemente en este mundo. Donde falla esto, la obra no se completará en la eternidad.[46]

[45]César Vidal, *El caso Lutero* (Madrid: Edaf, 2008), 55.
[46]John Owen, *Works* [Obras] (Edinburgo, Banner of Truth, 1981), III:574-575.

Capítulo 11

La mortificación del pecado

No he sido militar, pero mi padre y dos de mis hermanos fueron infantes de marina y me contaron sus experiencias. Es indudable que el entrenamiento básico marca la vida y la personalidad del soldado. En las películas bélicas que muestran esta fase del entrenamiento básico, siempre aparece la figura del sargento que le grita en la cara al recluta. Al principio, parece el enemigo del nuevo soldado, pero progresivamente queda en evidencia que su propósito es salvarle la vida. Su propósito es asegurar que cada recluta sepa hacer las cosas esenciales: luchar cuerpo a cuerpo, usar las diversas armas, obedecer órdenes, etc.

También se les enseña a los reclutas a entender cuál es su objetivo principal. En un discurso a sus tropas en la Segunda Guerra Mundial, el general Patton les aclaró ese objetivo cuando les dijo que cualquiera puede dar su vida por la patria, pero ese no debía ser el propósito de sus soldados. El general quería que sus soldados tuvieran como propósito el asegurarse de que el enemigo diera su vida por su patria. En términos más crudos aun, era matar antes de que los mataran.

En el capítulo nueve observamos dónde estamos en relación con el gran plan de redención. Señalamos que estamos en el tiempo intermedio del *ya, pero todavía no*. Ahora nuestra lucha principal es izar Su bandera real sobre cada área de nuestras vidas. Luchamos por llevar «cautivo todo pensamiento para que se someta a Cristo» (2 Cor. 10:5). Esto significa que debemos matar al enemigo. ¿Quién es ese enemigo? Hemos visto que es nuestra propia carne: «Porque, si ustedes viven conforme a ella, morirán; pero, si por medio del Espíritu dan muerte a los malos hábitos del cuerpo, vivirán» (Rom. 8:13). John Owen lo expresó con magnífica claridad: «Mientras vivas, no ceses de ocuparte de esto a diario; mata al pecado, si no, el pecado te matará a ti».[47] En este capítulo vamos a ver cómo matar al enemigo.

APRENDER A PELEAR

Mi padre fue sargento en la marina a finales de los años 50. Entre otras cosas, era instructor de combate cuerpo a cuerpo. Aprendí dos cosas en cuanto a mi papá: sabía pelear y no era buena idea intentar tomarlo desprevenido. Recuerdo de niño que antes de cenar se había quedado dormido unos minutos en el sofá. Mi madre me mandó a buscarlo para comer. Cuando le toqué el hombro, saltó violentamente y por poco me pega. Luego me dijo: «Por favor, no me despiertes así». Mi papá atribuyó la reacción a su entrenamiento militar.

Recuerdo otro incidente. En un campamento de jóvenes, un muchacho grandulón se sorprendió que mi papá, un hombre de baja estatura, hubiera sido infante de marina. Mientras jugábamos desafiaba a mi papá a pelear. Mi padre le decía: «No quiero lastimarte». El muchacho no lo podía creer y decidió tomarlo por sorpresa. La tremenda sorpresa se la llevó el muchacho. Con la misma acción explosiva que había visto cuando lo desperté aquella noche, mi papá le hizo dar una vuelta por el aire y cayó fuerte al piso, mientras mi papá lo reducía con una rodilla apoyada en su espalda. El muchacho aprendió la misma lección que yo, pero fue más doloroso para él.

El infante de marina bien entrenado reacciona de forma instintiva. Ese entrenamiento se vuelve parte de él, de su personalidad, de su forma de percibir el mundo. Nosotros como creyentes también debemos adoptar la mentalidad de la guerra permanente. Pedro nos advierte sobre nuestro adversario, el diablo, quien «ronda como león

---

[47]John Owen, «On the Mortification of Sin» [«Sobre la mortificación del pecado»], *Overcoming Sin and Temptation* [Vencer al pecado y la tentación], ed. Kapic & Taylor (Crossway, 2006), p. 50.

rugiente, buscando a quién devorar» (1 Ped. 5:8). El apóstol nos llama a resistir «firmes en la fe, sabiendo que sus hermanos en todo el mundo están soportando la misma clase de sufrimientos» (1 Ped. 5:9). Pablo también nos llama a la resistencia: «Fortalézcanse con el gran poder del Señor. Pónganse toda la armadura de Dios para que puedan hacer frente a las artimañas del diablo» (Ef. 6:10-11). Aunque la lucha se haga larga y cruel, no debemos cansarnos o desanimarnos. Por lo tanto, este consejo de Pablo a Timoteo debe marcar nuestras vidas: «Ejercítate en la piedad, pues aunque el ejercicio físico trae algún provecho, la piedad es útil para todo, ya que incluye una promesa no solo para la vida presente, sino también para la venidera» (1 Tim. 4:7-8).

EL MANUAL DE ROMANOS 8

Las fuerzas armadas del mundo equipan a sus soldados con un manual de campo. Este libro resume las técnicas y tácticas necesarias para sobrevivir y ganar en combate.[48] Por supuesto, toda la Biblia es «útil para enseñar, para reprender, para corregir y para instruir en la justicia» (2 Tim. 3:16). En Romanos 8 encontramos un resumen de los puntos más importantes respecto a la lucha mortal contra el pecado que enfrentamos diariamente.

En las próximas páginas, observaremos este capítulo más de cerca. Primero vamos a ver algunas ideas de los capítulos previos en Romanos que nos ayudarán a entender de qué se trata este capítulo importante. Luego veremos cuál es nuestra responsabilidad como soldados en la línea de fuego contra el pecado. También veremos la ayuda que nos ofrece el Dios trinitario en este combate. Antes de analizar estos puntos, sugiero que leas Romanos 8, si te es posible más de una vez. Lee buscando estos puntos que acabo de señalar.

---

[48]Brian Hedges ha escrito un libro basado en la misma analogía., *Licensed to Kill: A Field Manual for Mortifying Sin* [Licencia para matar: Manual de campo para mortificar el pecado]. Aunque no he copiado su idea ni he leído su libro, lo dejo como referencia al tratarse de la misma forma de abordar el tema.

NUESTRO ENEMIGO:
EL ZOMBI QUE NOS PERSIGUE

El capítulo comienza con muy buenas noticias, «Por lo tanto, ya no hay ninguna condenación para los que están unidos a Cristo Jesús» (Rom. 8:1). Sin embargo, habrán notado que comienza con las palabras «por lo tanto». Quiere decir que la primera idea de este capítulo continúa luego de las últimas ideas del capítulo anterior. En Romanos 7 encontramos palabras que, aisladas del capítulo siguiente, son desalentadoras. Pablo clama: «¡Soy un pobre miserable! ¿Quién me librará de este cuerpo mortal? ¡Gracias a Dios por medio de Jesucristo nuestro Señor! En conclusión, con la mente yo mismo me someto a la ley de Dios, pero mi naturaleza pecaminosa está sujeta a la ley del pecado» (Rom. 7:24-25).

El pecado todavía nos asedia, nos tiende trampas y emboscadas. Aun cuando andamos relativamente bien, nos sigue como un olor putrefacto que no sabemos de dónde viene. El olor a muerte viene del viejo *yo*. A este viejo *yo*, Pablo lo llama «cuerpo mortal». En la teología bíblica, el cuerpo o la carne se refiere a principios o inclinaciones de nuestra voluntad dañada. Nuestro cuerpo físico no es la raíz del problema como enseñaban los gnósticos. El problema es más grave: la corrupción del alma. Los puritanos enseñaban que esa corrupción se manifiesta en tres aspectos de nuestra alma: la voluntad, los afectos y el entendimiento. Cada dimensión de nuestro ser interior sufre los efectos de nuestro pecado.

La corrupción de nuestra alma armoniza con la condición corrupta del mundo. Se nutre del mundo y responde a su canto de sirena: «Porque nada de lo que hay en el mundo —los malos deseos del cuerpo, la codicia de los ojos y la arrogancia de la vida— proviene del Padre, sino del mundo» (1 Jn. 2:16). De nuevo, es importante entender que Juan no está diciendo que el mundo físico sea la fuente de maldad, sino el sistema del mundo de los seres humanos. Podríamos pensar en términos de la cultura con todas sus superficialidades y las influencias oscuras que no están a la vista.

Algunos comentaristas han señalado que la referencia al «cuerpo mortal» puede haberse tomado de la práctica de encadenar un prisionero al cuerpo de un muerto. Virgilio describe en *La Eneida* a Mecencio, un cruel caudillo: «¿A qué recordar los crímenes infandos, a qué las viles hazañas de un tirano? ¡Los guarden los dioses para él y su estirpe! Solía además atar los cadáveres con los vivos juntando manos con manos y bocas con bocas, espantosa tortura, y en larga agonía los mataba con horrible abrazo, cubiertos de pus y de sangre».[49] No hay evidencia de que Pablo haya tenido este pasaje en mente cuando escribió el Libro de Romanos, pero sirve como ilustración de la angustia generada por la presencia del remanente de pecado en el cristiano.

Encontramos otro ejemplo en la figura del zombi. Aunque ya me he referido a ellos en el capítulo anterior, tengo que reconocer que no me gustan realmente las películas de zombis. No encuentro divertida la idea del muerto viviente. Solo me causa repugnancia. Si te gustan esas películas, espero que no te ofendas. Sobre gustos no hay nada escrito. Aunque no me gustan esas películas, sí las utilizo porque ilustran bien la naturaleza del ser humano caído, no pensante, motivado por deseos horripilantes, su estómago como su dios, destructivo de todo lo que se le pone por delante. Zombis éramos nosotros antes de ser encontrados por Dios, pero ahora vivimos una «esquizofrenia espiritual» muy incómoda. Queremos obedecer a Dios, pero nuestras tendencias antiguas surgen con cierta frecuencia. Podríamos decir que el zombi está muerto, pero no enterrado.

Tanto el prisionero de Mecencio como el héroe de las películas que lucha contra los zombis, nos ayudan a entender la reacción del cristiano ante el dominio del pecado. Sin embargo, en los dos ejemplos, no se esclarece del todo una dimensión que incrementa aun más la repugnancia. En realidad, el zombi no es otro individuo, ¡soy yo! En la literatura alemana existe la figura del *doppelgänger,* una copia fantasmagórica malvada de uno mismo. Siguiendo líneas similares, el autor escocés Robert Lewis Stevenson se acercó al meollo del asunto con su libro *El extraño caso del Dr. Jekyll y Mr. Hyde.* Mr. Hyde es

---

[49]Virgilio, *La Eneida*, Libro VIII, 485.

una especie de *doppelgänger* del *Dr. Jekyll,* quien apareció cuando Jekyll bebió una pócima. En realidad, él es la encarnación del lado oscuro del doctor, un ser malvado que comete atrocidades impensables.

Nuestra lucha con el cuerpo de pecado tiene mucho en común con estas figuras de la literatura.[50] La lucha es larga y terrible. Hemos visto que la santificación es progresiva. Esto significa que la lucha en contra del pecado y el zombi de nuestra vieja naturaleza se mantiene hasta que se cierran las cortinas de esta vida terrenal.

NOS APOYAMOS EN EL ESPÍRITU SANTO

Saber que esta lucha es terrible y que marcará todos los días de nuestra vida puede ser desalentador. Sin embargo, Pablo no nos deja sin esperanza. Como vimos, el capítulo empieza con estas palabras, «Por lo tanto, ya no hay ninguna condenación para los que están unidos a Cristo Jesús» (Rom. 8:1). En realidad, Pablo ya había anticipado esta idea en el capítulo 7 luego de su grito angustiado: «¡Soy un pobre miserable! ¿Quién me librará de este cuerpo mortal?». Sin embargo, ¿cuál fue la respuesta?: «¡Gracias a Dios por medio de Jesucristo nuestro Señor!» (Rom. 7:25).

Sobre el sentido de la palabra «librará», Calvino comenta: «San Pablo ha empleado una palabra equivalente a quitar o librar para expresar mejor que esta liberación necesita el poder de Dios grande y extraordinario».[51] Luego veremos todo lo que el Dios trinitario hace para apoyarnos en esta lucha, pero ahora simplemente queremos remarcar la importancia de apoyarse en el Espíritu Santo. Se espera de nosotros resistir al enemigo de nuestras almas, pero no se espera que lo hagamos solos.

Cuando era estudiante en el instituto bíblico hace muchos años, trabajé por un tiempo en un lugar donde el dueño del negocio resultó ser un estafador. Las autoridades le cerraban el negocio y no quería pagar a los empleados. Fui dos veces para pedirle lo que me debía y me trató mal. Hablando con un compañero del instituto le conté que no sabía qué hacer porque me hacía falta ese dinero. Mi amigo me

---

[50]El lobizón o el hombre lobo ofrece otro ejemplo.

[51]Juan Calvino, *Comentario a la Epístola a los Romanos* (Grand Rapids: Libros Desafío, 1985), 127.

La mortificación del pecado

dijo: «Yo te ayudo». Le pregunté cómo me iba a ayudar y me dijo: «Sencillo, te acompaño a hablar con él de nuevo».

Si les describo cómo era mi amigo, creo que podría ayudar a que se entienda bien la situación. Mi amigo me llevaba más de diez años, antes de conocer a Cristo había sido miembro de una pandilla de motociclistas. Era alto, musculoso y cuando ponía mala cara daba miedo. Cuando fuimos a pedir mi salario se vistió con su vieja ropa de Harley Davidson. Me presenté en la oficina del dueño del negocio y le dije que venía a cobrar mi sueldo. Mi amigo estaba parado detrás de mí y no dijo una sola palabra. No hizo falta. El dueño me pagó y hasta me deseó toda la buena suerte del mundo.

De ninguna forma deseo faltarle el respeto al Espíritu Santo comparándolo a un motociclista de pandilla, pero su misión es representarnos como abogado y consolador (Juan 14:6). ¿Cómo hacemos para activar esa ayuda? Para empezar, no hace falta activarla. El Padre y el Hijo lo enviaron y el Espíritu Santo cumple Su misión sobre la base de la voluntad trinitaria, no la nuestra. La oración de Pablo era que los hermanos de Éfeso simplemente entendieran la magnitud de lo que Dios ya hace a nuestro favor (Ef. 1-3).

Aun al considerar la presencia poderosa del Espíritu, igual se nos enseña a pedir lo que queremos y necesitamos. Jesús nos enseña que oremos así: «Y no nos dejes caer en tentación, sino líbranos del maligno» (Mat. 6:13). No solo eso, sino que tenemos el derecho de pedir la ayuda del Espíritu Santo:

¿Quién de ustedes que sea padre, si su hijo le pide un pescado, le dará en cambio una serpiente? ¿O, si le pide un huevo, le dará un escorpión? Pues, si ustedes, aun siendo malos, saben dar cosas buenas a sus hijos, ¡cuánto más el Padre celestial dará el Espíritu Santo a quienes se lo pidan! (Luc. 11:11-13).

Este pasaje me alienta muchísimo. Recuerdo que por un tiempo tuve ciertas reservas en cuanto a la guerra contra el pecado. Mi lógica era la siguiente: si el pasaje se refiere a la salvación, sabemos que en ese momento recibimos el don del Espíritu Santo sin medida. No quería incurrir en el error de postular la necesidad de una segunda experiencia definitiva, como si Dios repartiera sus bendiciones por etapas. Sin embargo, mi perspectiva cambió, aunque, en realidad, mis parámetros teológicos siguen iguales. Creo que es un error buscar una segunda experiencia definitiva que nos distraiga de aprovechar las bendiciones que recibimos por medio de la unión con Cristo.

Este pasaje de Lucas nos enseña dos cosas que sirven para enfocar nuestras oraciones. En primer lugar, nuestro Padre es bueno —incomparablemente bueno—. En segundo lugar, el regalo más valioso del universo es la presencia del Espíritu Santo en nuestras vidas. Si mi amigo, el exmotociclista de pandilla, estuvo dispuesto a ayudarme por el afecto que me tenía, ¿cuánto más el Padre que dio Su Hijo por mí?

ASESINAMOS EL PECADO

Reiteramos que la salvación es *monérgica*, pero la santificación es *sinérgica*. En la salvación solo Dios obra, pero en la santificación nosotros también actuamos en obediencia al Padre. Nuestro papel es mortificar la carne. Debemos matar al zombi. Expresar el concepto es sencillo, pero no es lo mismo hacerlo realidad. John Owen escribió: «Los hombres lo consideran tarea fácil que se puede llevar a cabo con poca diligencia. ¿Pero nos parece poca cosa que el Espíritu Santo, para referirse al deber de oponerse al pecado, de debilitar su poder, habla de mortificar, de matar, de ejecutar?».[52]

Owen explica que todo ser viviente busca conservar su existencia a toda costa. El pecado es igual. Es como una fiera de la selva que lucha ferozmente por preservar su existencia. No hay posibilidad de vencerlo si no lo perseguimos con gran poder y tenacidad, sin misericordia y sin cuartel. Owen nos advierte: «Que ningún hombre piense que puede matar el pecado con unos pocos golpes suaves».

El puritano Thomas Watson escribió: «Nuestra vida es militar. Cristo es nuestro Capitán, el evangelio es nuestra bandera, las gracias son nuestra artillería espiritual y el cielo solo se conquista por

---

[52]John Owen, *Works* [Obras] (Edinburgo, 1981, reimpreso), III:546. Traducción del autor.

la fuerza». Con esta última frase, Watson hace eco de las palabras de Jesús: «Desde los días de Juan el Bautista hasta ahora, el reino de los cielos ha venido avanzando contra viento y marea, y los que se esfuerzan logran aferrarse a él» (Mat. 11:12). Esta idea de la resistencia violenta al pecado se repite en el Sermón del Monte: «Por tanto, si tu ojo derecho te hace pecar, sácatelo y tíralo» (Mat. 5:29).

UN EJEMPLO PRÁCTICO DE LA MORTIFICACIÓN

En términos prácticos, ¿qué significa mortificar la carne? Veamos una lucha en particular que hostiga a muchos cristianos, en especial a los hombres. Las tentaciones de la lujuria no son nuevas, pero en los últimos años con la llegada de los móviles con acceso al internet, la pornografía hace estragos entre los hijos de Dios. Antes, el tema era casi tabú, pero ahora es motivo de chistes en los medios populares. El mundo lo considera algo normal y hasta lo alienta como algo sano. Sin embargo, es un pecado que afrenta la gloria de Dios y deshumaniza a hombres y mujeres.

La pornografía tiene un poder especialmente adictivo. Ganarle requiere máximo poder y justo cuando parece estar vencido, se levanta de nuevo y nos agarra del cuello. Hay que clavarle una estaca en el pecho todos los días. Las siguientes medidas son parte de la «guerra total» que debemos emprender:

1. **Iluminar el campo de batalla**. En la Primera Guerra Mundial se lanzaban bengalas que bajaban lentamente en paracaídas. La luz intensa permitía ver la verdadera naturaleza y disposición del enemigo. En la oscuridad el enemigo se nos acerca sigilosamente, pero bajo la luz vemos sus movimientos y sus verdaderos atributos monstruosos. La Palabra de Dios es luz y nos permite percibir la verdadera naturaleza de la pornografía. También iluminamos el campo de batalla por medio de la confesión, que no es otra cosa que expresar a otra persona nuestro acuerdo con la Biblia en cuanto a nuestro pecado. Aconsejo hablar discretamente con un

pastor o hermano de confianza en la iglesia. Lo peor que podemos hacer es disimular y esconder nuestro pecado.

2. **Aliarse con otros**. No podemos luchar solos. Lo más probable es que en nuestra iglesia otros hermanos tengan luchas similares. Cuando nos juntamos con otros se puede establecer una relación de rendición de cuentas, de oración y apoyo mutuo.

3. **Levantar defensas**. De forma consciente y premeditada debemos levantar muros de protección para evitar la invasión del enemigo. Esta incursión satánica fue facilitada por la tecnología. De igual manera existen medios tecnológicos para crear un sistema de defensas. Usar un filtro de contendidos es imprescindible. Yo tengo bloqueados todos mis aparatos y mi esposa tiene la clave. Como dijo un pastor conocido mío, dejar sin filtros un teléfono es como dejar una pila de revistas pornográficas al lado de la cama. Debemos cerrar todas las vías de ingreso que puede encontrar el enemigo. Levantamos muros, destruimos caminos que el enemigo puede aprovechar y elevamos el puente levadizo. En muchos casos, estos pasos son suficientes para ir ganando la batalla, pero a veces el ataque es tan fuerte que hay que tomar medidas más extremas como deshacernos del móvil. Sí, lo digo en serio y esto no es nuevo: «Si tu ojo derecho te hace pecar, sácatelo y tíralo».

4. **Utilizar la artillería de los medios de gracia**. Watson comparó el uso de los medios de gracia como cuando un ejército utiliza la artillería en contra de nuestro enemigo. Los medios de gracia son aquellas fuentes de bendición que el Señor ha ordenado para nuestra bendición como la predicación de la Palabra y las ordenanzas. En la próxima sección del libro vamos a ver los medios de gracia en más detalle y su relación con las disciplinas espirituales. Lo que ahora vale la pena entender es que valernos de los medios de gracia permite que contraataquemos. Nos fortalece a nosotros y

debilita al zombi de nuestra carne, y en especial nos ayuda en el proceso de renovar nuestras mentes (Rom. 12:2).

5. **Colonizamos nuestro corazón.** Previamente hemos mencionado la idea de la espiritualidad bíblica como la lucha por izar la bandera de nuestro Señor sobre cada área de nuestras vidas. La pureza mental, la eliminación de la pornografía de nuestras vidas, es solamente una pequeña parte de este proceso. Juan nos advierte que «nada de lo que hay en el mundo —los malos deseos del cuerpo, la codicia de los ojos y la arrogancia de la vida— proviene del Padre, sino del mundo» (1 Jn. 2:16). Estas tres categorías incluyen todos los aspectos de nuestra vida que deben someterse al señorío de Jesucristo. Sin embargo, no es suficiente erradicar cada una de estas áreas, antes bien, debemos colonizar las áreas despobladas del corazón con nuevos afectos. Pablo nos dice: «Vivamos decentemente, como a la luz del día, no en orgías y borracheras, ni en inmoralidad sexual y libertinaje, ni en disensiones y envidias» (Rom. 13:13), y agrega este imperativo: «Más bien, revístanse ustedes del Señor Jesucristo, y no se preocupen por satisfacer los deseos de la naturaleza pecaminosa» (v. 14). Thomas Chalmers, un pastor escocés, resumió esta idea en una frase: el poder expulsivo de un nuevo afecto. La falsa adoración se desplaza con la verdadera. El amor falso se erradica con el verdadero amor. La anhelada belleza solo se encuentra en el rostro de nuestro Salvador.

6. **Confiar en nuestro capitán aun cuando el enemigo nos tiene rodeados y heridos.** Hay días en que el pecado nos gana. Nos tiende una emboscada porque no tuvimos el debido cuidado, nos ataca por el flanco débil, nos clava su puñal y se ríe de nosotros porque nos deja embarrados, ensangrentados, humillados y dolidos —pero no hay condenación para los que están en Jesucristo—. Me cuesta absorberlo. ¡No hay condenación para los que están en Jesucristo! Esta frase es condicional. Depende de algo para que no haya condenación.

Pero no depende de lo que nuestra razón nos dice que debería depender. Es decir, no depende de que, a partir de mi salvación, siempre me porte bien. Nos cuesta muchos asimilar la verdad de que cuando Jesús nos encuentra, nos perdona todos los pecados pasados. Nos cuesta más absorber la verdad de que la sangre de Cristo nos limpia de *toda* maldad: pasada, presente, y futura. ¿Cual es la condición necesaria?: ¡estar en Cristo! La frase «los que son guiados por el Espíritu» es una frase paralela. Si estamos en Cristo, el Espíritu obra en nosotros, nos guía y no hay condenación.

Por lo tanto, confiamos en nuestro Capitán y luchamos. Confiamos aun cuando el enemigo tomó ventaja de nuestra debilidad, de nuestra falta de atención y nos pasó por encima, nos dejo molidos en el barro y nos separó de nuestras líneas defensivas. Pero nos paramos y luchamos de nuevo. No es el momento de rendirnos, huir o escondernos por vergüenza justamente de aquel que nos ama y nos puede ayudar. Levantamos el grito al cielo: «¡Señor Jesús!, ¡Capitán mío!, ¡ayúdame!» Les aseguro que el mensaje llega porque «en nuestra debilidad el Espíritu acude a ayudarnos. No sabemos qué pedir, pero el Espíritu mismo intercede por nosotros con gemidos que no pueden expresarse con palabras» (Rom. 8:26).

EL DIOS TRINITARIO NOS AYUDA

Pensaba terminar este capítulo con una exposición de las muchas maneras en que el Dios trinitario nos ayuda según Romanos 8. Sinceramente, leyéndolo ahora, pienso que ni mis palabras ni el espacio que queda en este libro son adecuados para este desafío. Entonces, sugiero que leas de nuevo Romanos 8. Léelo más de una vez. Cuando lo hayas leído dos o tres veces, toma una hoja de papel y un lápiz. En un lado de la hoja escribe una lista de todas aquellas cosas que se nos exigen en este capítulo. Del otro lado, escribe una lista de todas las cosas que hace el Dios trinitario por nosotros. Cuando comparamos una lista con la otra vamos a empezar a entender que esta relación sinérgica en la que Dios obra y nosotros obramos es una sociedad desigual.

Cuarta parte:
DIOS NOS AYUDA

Así que acerquémonos confiadamente al trono de la gracia para recibir misericordia y hallar la gracia que nos ayude en el momento que más la necesitemos.

Hebreos 4:16

Capítulo 12

La comunidad de la Palabra

Reina el imperio de la soledad. A pesar de estar cada vez más conectados de forma electrónica, nos sentimos progresivamente más solos. Los aparatos que prometieron la hiperconexión, solo han producido un cortocircuito en nuestras vidas emocionales. Los teléfonos inteligentes no resultaron ser una ventana al mundo y se convirtieron más bien en un espejo. El móvil es tan «inteligente» que adivina mis preferencias y prejuicios sobre la base de mi actividad en línea y me alimenta con más de lo mismo. Soy prisionero dentro de un circuito cerrado que empieza y termina conmigo mismo.

Agustín de Hipona dijo que los seres humanos somos *homo in curvatus se* (hombres doblados sobre sí mismos). Me vienen a la mente aquellos pobres ancianos con problemas de columna que ya no pueden enderezarse. Esta tendencia que siempre ha marcado al ser humano caído se acelera con la tecnología. Ya no buscamos el horizonte con la vista porque estamos enfocados solamente en nuestros propios ombligos.

El individuo soberano se atribuye la autoridad de definir su propia identidad, pero esta autonomía extrema tiene un costo. La identidad autodefinida barre con los obstáculos impuestos por la sociedad, la familia y toda estructura de autoridad. El resultado es una sociedad cada vez más fragmentada, donde las instituciones solamente son vistas como opresoras de la libertad del individuo. A la vez, el individuo soberano queda aislado de los contextos comunitarios que antes lo cobijaban. El profeta tuvo razón cuando dijo: «¿Pueden dos caminar juntos sin antes ponerse de acuerdo?» (Amós 3:3). ¿Cómo podemos ponernos de acuerdo si ya no existe una autoridad legítima que pueda determinar las bases de la unidad? El resultado es una libertad absoluta que desorienta. Somos como astronautas fuera de la nave. No nos limita la gravedad, el horizonte, o ningún punto de referencia. ¿Pero cómo distinguiremos entre arriba y abajo?

Los programas televisivos sobre cocina que están tan de moda nos dan una pista sobre lo que estamos hablando. Mi esposa y yo vimos una serie sobre los tacos que resaltaba lo mejor de la cultura mexicana; realmente hacía que te dieran muchas ganas de comer tacos. Se me hace agua la boca solo con recordarlo. Pero lo que me llamó la atención fue cuántas veces en medio de una entrevista sobre técnicas de cocción y la importancia de la calidad de los ingredientes, los entrevistados se desviaban para hablar de temas como la familia y la amistad. Conclusión: la buena comida crea comunidad. Quedó en evidencia que como sociedad nos gustan los tacos, tenemos hambre y sentimos nostalgia por el sentido de comunidad que se va perdiendo entre los seres humanos.

Este énfasis de los programas culinarios es cada vez más evidente. No solo muestran la excelente técnica de los chefs, sino que abren las puertas a un mundo comunitario donde la comida juega un papel central. Muchas veces las escenas finales son tomas de una gran mesa comunitaria servida por una madre italiana o de un grupo de chefs reunidos para comer juntos. Termina el programa y por unos instantes nos sentimos parte de ellos.

La modernidad siempre ha sido un disolvente de los antiguos vínculos comunitarios. La industrialización, por ejemplo, produjo la migración de obreros desde pequeños pueblos y aldeas rurales a las grandes ciudades, donde perdieron contacto con sus vínculos comunitarios y sus contextos tradicionales. Nuestros estilos de vida en el siglo XXI, aunque potenciados por los aparatos electrónicos, extienden aún más una trayectoria que ya tiene varios siglos. Es posible que la restricción de la espiritualidad a la vida privada sea tanto efecto como causa de estas tendencias. Lo que no está en duda es que la espiritualidad privatizada contribuye a nuestra soledad, nuestro aislamiento —incrementa la joroba del *homo in curvatus se*—.

A diferencia de la espiritualidad privatizada de nuestros tiempos, la Biblia presenta una vibrante espiritualidad comunitaria. Descubrimos que hemos entrado en comunión con el Dios trinitario que ha existido en eterna comunión de amor entre Padre, Hijo y Espíritu Santo. Esta comunión se duplica en la comunidad de la Iglesia. De hecho, el aspecto comunitario es tan importante en el cristianismo, que la práctica de las enseñanzas del Nuevo Testamento es escasamente posible fuera del contexto de una congregación. Para los que nos vemos sorprendidos por la ferocidad de la batalla contra el pecado, estas son buenas noticias. ¡No estamos solos!

UNA FE COMUNITARIA

En la historia del arte hay dos escenas de la vida de Jesús que se han representado una y otra vez. La primera es la crucifixión. Muchos cuadros representan a Jesús en lo alto de la cruz sumido en angustia solitaria. Estas imágenes contrastan fuertemente con otra escena muy representada, la última cena. El cuadro más famoso de este género es el de Leonardo da Vinci. El artista dispuso a todos los discípulos sentados de un mismo lado de una mesa larga. Creo que me gusta más el cuadro de la última cena pintado por Pedro Pablo Rubens, donde encontramos a los discípulos sentados de una forma más realista alrededor de una pequeña mesa cuadrada. En el cuadro de Rubens se percibe el alboroto natural producido por doce discípulos volubles mientras comparten una comida. Rubens logra representar el sentido comunitario de la compañía de los doce en el momento en que Jesús presenta el pan y el vino. Esta escena contrasta fuertemente con el sufrimiento solitario de la cruz. El dramatismo de la pintura de Rubens se acentúa cuando nos damos cuenta de que Judas nos dirige una mirada conspirativa, como incluyéndonos en su complot.

Tanto el cuadro de Da Vinci como el de Rubens capturan varios elementos de la espiritualidad bíblica: la centralidad de Jesús y Su enseñanza, Su sacrificio anticipado, la comunidad de discípulos llamada y formada por Jesús, la institución de las ordenanzas o sacramentos. Los artistas se esfuerzan por capturar en Su imaginación un momento histórico preciso. Los dos cuadros representan una especie de disciplina espiritual, una meditación sobre el significado de la última cena.

En la producción de estos dos cuadros podemos percibir una sombra de la espiritualidad de Da Vinci y Rubens. Los dos artistas tuvieron que reflejarla en el significado de la cena y de la presencia de los discípulos. A la vez, pensaron en su audiencia, los que al mirar el cuadro seguirían con sus ojos la trayectoria de las ideas trazadas con el pincel y la pintura. El artista dispuso del tiempo necesario para aplicar las pinturas al lienzo en el espacio de su taller.

A lo mejor esta idea de relacionar la producción artística con la espiritualidad nos resulta un poco artificial. Pero recordemos una de las definiciones que propusimos en el primer capítulo: «La espiritualidad es el desarrollo en la vida real de la fe religiosa de una persona —es lo que la persona hace con lo que cree».[53]

La espiritualidad es nuestra fe llevada a las formas concretas de la vida diaria. Jesús anticipó la necesidad de usar el aposento alto, de proveer el pan y el vino, de reunir a los discípulos, de oficiar la cena y de explicar su significado.

LA ESPIRITUALIDAD COMUNITARIA DE LA IGLESIA PRIMITIVA

La Iglesia, la comunidad de fe establecida por Jesucristo, no dejó de existir luego de Su partida. El Espíritu que había sido prometido llegó y empezó una nueva etapa en el eterno plan de Dios. La historia de su crecimiento inicial se encuentra en el Libro de los Hechos. Esta vida comunitaria se describe en el segundo capítulo de Hechos, donde vemos varias características dignas de imitación. Se nota, por ejemplo, la obra del Espíritu Santo y la centralidad de la Palabra de Dios.

---

[53]McGrath, *Christian Spirituality* [Espiritualidad cristiana], p. 3.

Esta Palabra se administra de dos formas. En primer lugar, por el evangelismo: los discípulos predican el mensaje de la salvación a los que todavía no han creído. En segundo lugar, la Palabra sirve como eje de la vida comunitaria: «Así, pues, los que recibieron su mensaje fueron bautizados, y aquel día se unieron a la iglesia unas tres mil personas. Se mantenían firmes en la enseñanza de los apóstoles, en la comunión, en el partimiento del pan y en la oración» (Hech. 2:41-42).

Bajo esta enseñanza de los apóstoles se establecieron varias prácticas que caracterizan a las iglesias del Señor hasta el día de hoy. Los discípulos se dedicaban a la comunión unos con otros, es decir, comían juntos y celebraban la cena del Señor. Esta cena conmemoraba Su sacrificio por nuestros pecados. La vida comunitaria de la Iglesia primitiva también se distinguía por la dedicación a la oración. Además, practicaban una generosidad radical que se manifestaba en la venta de sus propiedades y sus bienes para compartir con los necesitados.

Más adelante encontramos que, «todos los días, en el templo y de casa en casa, no cesaban de enseñar y predicar a Jesús como el Cristo» (Hech. 5:42). Aquí encontramos una espiritualidad ordenada en el tiempo y el espacio. Dedicaban sus vidas a la predicación y a la comunión con Dios y unos con otros. Es evidente que la Iglesia representa un paso importante en el plan de Dios de recuperar toda la creación y de restablecer a los seres humanos como Sus representantes.

El testimonio de la Iglesia también era observado por la sociedad en general. Ellos vivían en el temor del Señor y ese temor influenciaba a los de afuera. La presencia del Espíritu Santo en su medio se hacía evidente en el poder de la Palabra predicada y en el gozo, la alabanza y la unidad que los creyentes manifestaban. Como resultado, gozaban del favor general y el Señor mismo agregaba cada vez más miembros a su comunión.

Este estilo de vida, guiado por el Espíritu y basado en las Escrituras, se duplicaba en todas las congregaciones que se extendieron por el mundo antiguo. El apóstol Pablo, gran fundador de iglesias, les escribió a los colosenses deseando lo siguiente:

Que habite en ustedes la palabra de Cristo con toda su riqueza: instrúyanse y aconséjense unos a otros con toda sabiduría; canten salmos, himnos y canciones espirituales a Dios, con gratitud de corazón. Y todo lo que hagan, de palabra o de obra, háganlo en el nombre del Señor Jesús, dando gracias a Dios el Padre por medio de él (Col 3:16-17).

Se iba forjando una espiritualidad marcadamente bíblica y congregacional.

LOS PRIMEROS SIGLOS

La Iglesia se extendió rápidamente por todo el mundo conocido. El compromiso comunitario siguió marcando la vida de la Iglesia aun más allá de la vida de los apóstoles. La *Didaché*, un documento cristiano muy antiguo, pero probablemente posterior a la vida de los apóstoles, ofrece instrucciones básicas para los nuevos cristianos. El documento describe una vida sencilla que está marcada por la dedicación a la búsqueda de una vida santa. Todo giraba en torno a una vida comunitaria marcada por la práctica del ayuno, la oración, la celebración del bautismo y la cena del Señor.

La *Didaché* demuestra la dependencia de las enseñanzas de Jesús y los apóstoles por parte de las iglesias primitivas. Por ejemplo, La *Didaché* comienza explicando que hay dos caminos, uno que lleva a la vida y otro que lleva a la muerte: «Ama en primer lugar a Dios que te ha creado, y en segundo lugar a tu prójimo como a ti mismo. Todo lo que no quieres que se haga contigo, no lo hagas a otro».[54] Obviamente, estas palabras son tomadas de la enseñanza de Jesús (Mat. 7:12).

La *Didaché* instruye sobre diversas responsabilidades del cristiano en relación con la Iglesia. Advierte que no se debe dejar de asistir a las reuniones «porque donde se anuncia la majestad del Señor, allí está el Señor».[55] Se debe buscar todos los días «los rostros de los

---

[54]Didaché: La doctrina de los doce apóstoles, 1.2.
[55]Ibid., 4.1.

santos, para hallar descanso en sus palabras».[56] No se deben provocar facciones, sino buscar la paz. Se debe juzgar rectamente y no hacer distinción entre las personas. No hay que ser «de los que extienden la mano para recibir, pero la retiran para dar».[57] No se debe rechazar al indigente.

A pesar de ese estilo de vida santo, los primeros cristianos eran acusados de crímenes y depravaciones terribles. Sus enemigos los acusaban de incesto y de practicar sacrificios humanos, pero con todo, era imposible esconder la verdadera naturaleza de las comunidades cristianas. El historiador Rodney Stark atribuye gran parte de la expansión del cristianismo al estilo de vida de los primeros cristianos:

El cristianismo revitalizó la vida de las ciudades grecorromanas proveyéndoles nuevas normas y vínculos sociales capaces de lidiar con problemas urbanos urgentes. A las ciudades llenas de indigentes, el cristianismo ofreció caridad y esperanza. A las ciudades llenas de recién llegados y extranjeros, el cristianismo proveyó la base para nuevas relaciones. A las ciudades llenas de huérfanos y viudas, el cristianismo proveyó una familia nueva y extendida. A las ciudades rasgadas por el conflicto étnico violento, el cristianismo ofreció una nueva base para la solidaridad social. A las ciudades confrontadas por epidemias, fuegos y terremotos, el cristianismo ofreció servicios efectivos de enfermería.[58]

Jesús había anticipado el impacto de este estilo de vida cuando dijo: «De este modo todos sabrán que son mis discípulos, si se aman los unos a los otros» (Juan 13:35). De esta forma, la Iglesia se volvió el principal instrumento de la evangelización del mundo, no solo por su declaración del evangelio, sino porque esta declaración se respalda

---

[56] Ibid., 4.2.
[57] Ibid., 4.5.
[58] Rodney Stark, The Rise of Christianity [El surgimiento del cristianismo] (Harper Collins, 1997), 161.

con las vidas cambiadas de los cristianos y una conducta sacrificial y benevolente.

EL MONAQUISMO

La Iglesia cristiana sufrió persecución desde sus primeros años. El Libro de los Hechos nos presenta el martirio de Esteban y Santiago. El gran apóstol Pablo empezó su carrera como perseguidor de la Iglesia, pero la terminó como mártir. Las persecuciones aumentaban y mermaban, pero eran parte de la realidad de la iglesia hasta el siglo IV.

El emperador romano Constantino (ca. 272-337) abrazó el cristianismo y detuvo las persecuciones. A partir de ese momento surgió una cultura cristiana que, con sus luces y sombras, nos afecta hasta el día de hoy. Identificarse con Cristo y Su Iglesia implicaba exponerse al repudio de la sociedad y muy probablemente a los leones del Circo Máximo antes de Constantino. Pero cuando la Iglesia recibió la aprobación del emperador, todo cambió por completo. De repente ser cristiano representaba un beneficio social. Sin embargo, no todos los cristianos vieron las nuevas circunstancias como positivas. Muchos estaban convencidos de que este nuevo estatus produciría una degradación moral en la vida de la Iglesia. El historiador Justo Gonzáles afirma: «La puerta estrecha de la que Jesús había hablado se había vuelto tan ancha que las multitudes se apresuraban a pasar por ella —muchos en busca de posiciones y privilegios, sin tener una idea del significado del bautismo o de la fe cristiana [. . .]. La cizaña crecía junto al trigo y amenazaba ahogarlo».[59]

Este proceso de diluir la consistencia espiritual y moral de la Iglesia produjo una reacción: el monaquismo. Algunos buscaron reproducir la espiritualidad exigente que evocaba las épocas bajo persecución. Estos cristianos buscaron huir de las ciudades y de la gente, tomaron votos de castidad y pobreza y buscaron lugares solitarios en

---

[59]Justo Gonzalez, *Historia de la Iglesia*, p. 151.

el desierto en donde pudieran dedicarse a la oración y a la lucha en contra de las tentaciones.

Irónicamente, el monaquismo, que buscaba una espiritualidad purificada, encontró sus raíces en una mezcla de enseñanza bíblica y filosófica de su tiempo. Del Nuevo Testamento tomaban el consejo de Pablo de no casarse con el fin de poder servir mejor a Dios. Esto se mezclaba con ideas de la filosofía griega que encontraba la fuente del mal en el mismo orden creado del mundo físico y el cuerpo humano. Sin embargo, una espiritualidad bíblica entiende que el problema principal no se encuentra en el mundo físico que nos rodea, sino en nuestra propia voluntad. Para muchos cristianos que siguieron la espiritualidad monacal, la solución era oprimir el cuerpo y todos sus deseos. En vez de ordenar el uso del tiempo, espacio y el cuerpo, cosas creadas por Dios, buscaban abstraerse por completo de esta realidad terrenal.

Antonio el Grande (251-356) se considera el padre de los monjes solitarios. Se cuenta que luchó personalmente en el desierto con el diablo que lo atormentaba con las tentaciones del aburrimiento, la pereza y la lujuria. Llegaron otras grandes figuras monásticas como Macario de Egipto (300-390), quien vivió siete años comiendo solo legumbres y hierbas silvestres. Simón el Estilita (390-459), quien llevó el rigor monástico al extremo de vivir 37 años encima de una columna.

Era obvio que ese afán por buscar la santidad había olvidado la dimensión comunitaria de la espiritualidad bíblica. Al estar tan distanciados culturalmente, nos parecen extrañas estas medidas extremas. Pero la pregunta que se hacían nos sigue preocupando hoy: ¿qué se debe hacer cuando nuestra iglesia, de la cual dependemos espiritualmente, parece desviarse de la verdad? Para estos cristianos del siglo IV, la solución pareció ser el aislamiento completo del mundo.

EL MONAQUISMO COMUNITARIO

La palabra *monaquismo*, o *monacato*, deriva de la palabra griega *monachos* que significa persona solitaria. Aunque desde el punto de

vista del significado de la palabra parezca contradictorio, se vio la
necesidad de un nuevo tipo de monje, el monje cenobítico, es decir,
el monje que vive en comunidad. Líderes como Pacomio (292-348)
entendieron que la soledad podría causar mucho daño. Figuras importantes como Jerónimo, Basilio, y Agustín de Hipona vieron que la
mejor opción para su crecimiento espiritual era la vida de los monasterios. Buscaban recuperar la experiencia espiritual sencilla y con-
sagrada de la Iglesia primitiva en el Libro de los Hechos al ordenar
toda la vida, el trabajo, el descanso, las relaciones humanas, el uso
del tiempo y el espacio alrededor de la lectura de la Palabra de Dios
y las oraciones.

Los monasterios representaban un avance con respecto a la vida
solitaria del monje en el desierto. Sin embargo, todavía faltaban elementos importantes. La Iglesia primitiva formaba una comunidad
de fe en íntimo contacto con el mundo. Además, la Iglesia no solo
estaba conformada por la participación de algunos, sino por hombres,
mujeres, niños, ancianos y familias completas. También existía otro
gran peligro: la creencia de que la transformación espiritual podía
producirse desde afuera hacia adentro.

Los monasterios precisaban una regla a la que los miembros de
la comunidad se debían someter. Una de las reglas más influyentes
fue la de Benito de Nursia (480-543), fundador del monasterio de
Monte Cassino en Italia. La regla de San Benito da evidencia de una
gran sabiduría práctica, un profundo entendimiento de la psicología
humana y una piedad sincera. La regla tiene 73 capítulos breves y
define la vida de la comunidad del monasterio. Hace énfasis en el
trabajo, las relaciones interpersonales de los monjes y el ciclo de oraciones a las que se dedicaban. De acuerdo con esta regla, el cambio
espiritual se produce escalando 12 grados de humildad:

> Por eso, hermanos, si queremos alcanzar la cumbre de la más
> alta humildad, si queremos llegar rápidamente a aquella exal-
> tación celestial a la que se sube por la humildad de la vida
> presente, tenemos que levantar con nuestros actos ascendentes
> la escala que se le apareció en sueños a Jacob, en la cual veía

ángeles que subían y bajaban. Sin duda alguna, aquel bajar y subir no significa otra cosa que por la exaltación se baja y por la humildad se sube. Ahora bien, la escala misma, así levantada, es nuestra vida en el mundo que el Señor levanta hasta el cielo cuando el corazón se humilla. Decimos, en efecto, que los dos lados de esta escala son nuestro cuerpo y nuestra alma, y en esos dos lados la vocación divina ha puesto los diversos escalones de humildad y de disciplina por los que debemos subir.[60]

Muchas de estas escalas son buenas en sí mismas. Otras, no lo son tanto. Lamentablemente, ya se empieza a percibir la tendencia de construir una espiritualidad que depende más de los esfuerzos humanos que de la gracia de Dios. La primera escala «consiste en que uno tenga siempre delante de los ojos el temor de Dios y nunca lo olvide».[61] La quinta consiste en no ocultar malos pensamientos al abad. La séptima «consiste en que uno no solo diga con la lengua que es el inferior y el más vil de todos, sino que también lo crea con el más profundo sentimiento del corazón».[62]

El octavo grado de humildad representa una trampa espiritual: «Consiste en que el monje no haga nada, sino lo que la Regla del monasterio o el ejemplo de los mayores le indique que debe hacer».[63] La espiritualidad pasa no solo por la humildad del corazón, algo difícil de lograr y de medir, sino también por la obediencia a los 73 capítulos de la Regla completa con todos sus detalles. Lamentablemente, el monaquismo fácilmente se puede volver un intento por lograr la vida santa por esfuerzos propios que son solo externos. Debemos decir que Benito parecía intuir el dilema porque en el penúltimo capítulo contrasta el buen celo necesario que necesita el monje con el malo.

---

[60]Benito de Nursia, *La regla de San Benito* (Madrid: Biblioteca de Autores Cristianos, 2000), VII, 5-9.
[61]Ibid., VII, 10.
[62]Ibid., VII, 51.
[63]Ibid., VII, 55.

Así como hay un mal celo de amargura que separa de Dios y lleva al infierno, hay también un celo bueno que separa de los vicios y conduce a Dios y a la vida eterna. Practiquen, pues, los monjes este celo con la más ardiente caridad, esto es, «adelántense para honrarse unos a otros» (Rom. 12:10); tolérense con suma paciencia sus debilidades, tanto corporales como morales; obedézcanse unos a otros; nadie busque lo que le parece útil para sí, sino más bien para otro; practiquen la caridad fraterna castamente; teman a Dios con amor; amen a su abad con una caridad sincera y humilde; y nada absolutamente antepongan a Cristo, el cual nos lleva a todos juntamente a la vida eterna.[64]

El sistema monacal presenta serias fallas. El rigor en los ejercicios espirituales no convierte el alma y contribuye a la idea de que la vida espiritual es solo para unos pocos seres superdotados que podríamos considerar como atletas espirituales profesionales. Esta idea persiste hasta hoy.

Hace poco leí una reseña sobre una biografía de Dorothy Day (1897-1980), una activista norteamericana de principios del siglo XX que se convirtió al catolicismo y se asoció como oblata laica con los monjes benedictinos y la Abadía de Saint Procopius. El autor de la reseña escribió: «El resto de su vida abrió sus puertas a los excluidos por la sociedad, pidiéndoles nada y dándoles todo a cambio. Comprobó, quizás sin querer, que vivir una vida genuinamente cristiana presenta aplastantes demandas que ningún ser mortal común puede sobrellevar».[65]

La espiritualidad bíblica no es así. Es cierto que la santidad de Dios «presenta aplastantes demandas que ningún ser común puede sobrellevar», pero justamente por esa razón vino Jesucristo al mundo. En los próximos capítulos veremos cómo esa gracia revelada en Jesús ahora sigue llevándonos a través de la vida congregacional, los medios de gracia y las disciplinas espirituales.

---

[64]Ibid,. LXXII, 1-12.

[65]Patrick Allit, *The Spectator* [El espectador], 18 de marzo de 2020, https://spectator.us/lockdown-list-books-quarantine/

Capítulo 13

Los medios de gracia

Se nos hace fácil criticar a Benito de Nursia y el movimiento monacal a la distancia, sin conocer el contexto social del siglo VI. Hay quienes ven la Regla de Benito (o benedictina) como un modelo para la vida cristiana en el siglo XXI. Sin duda el estilo de vida que Benito enseña es bastante atractivo en este agitado mundo posmodernista. Ya he expresado mis dudas sobre la esencia de la Regla de Benito, pero tomando cierta distancia podemos reconocer que hay elementos dignos de imitación. Los monjes tomaron muy en serio la prioridad de la búsqueda de la santidad en el contexto de la comunidad. Sin embargo, criticamos su aislamiento de la sociedad y la falta de inclusión de niños, mujeres y familias, recordando que Jesús oró: «No te pido que los quites del mundo, sino que los protejas del maligno» (Juan 17:15). Sin embargo, rescato el esfuerzo benedictino por vivir vidas ordenadas en el tiempo y el espacio sobre la base de prioridades espirituales.

Los monjes pasaban sus días bajo un ritmo de vida que incluía el descanso, la alimentación, el trabajo y las oraciones. Seguían las horas canónicas que marcaba el horario de las oraciones: Maitines antes del amanecer, *Laudes* al amanecer; *Prima* a la primera hora después del amanecer; *Tercia* a las 9:00 de la mañana; *Sexta* al mediodía; *Nona* a las 15:00; *Vísperas* tras la puesta del sol; *Completas* antes del descanso nocturno.

También debemos reconocer que los movimientos misioneros de los primeros siglos fueron impulsados en gran medida por los monasterios. También conservaron en sus bibliotecas las Escrituras y el legado cultural del mundo clásico. Además, como ha demostrado Rodney Stark, los monasterios se convirtieron en los motores económicos de la sociedad medieval y fueron fuentes de importantes innovaciones agrícolas y de varias áreas del saber.

Rod Dreher escribió *La opción Benedictina* en 2017, un libro que rescata a los monjes benedictinos como ejemplos de vida y espiritualidad para nuestros tiempos. Como parte de su reflexión, Dreher analiza correctamente la decadencia del mundo posmodernista y las debilidades de las iglesias contemporáneas: «Una iglesia que se parece al mundo, que habla como el mundo, y suena como el mundo no puede justificar su existencia».[66] Algunos han criticado el libro porque suponen que Dreher recomienda un aislamiento total de la cultura de nuestros tiempos. En realidad, nos insta a construir estructuras culturales paralelas regidas por una cosmovisión y espiritualidad genuinamente cristiana. Él aconseja, entre otras cosas, vivir lo más cerca posible de la iglesia porque ayuda a borrar la distinción entre la iglesia y la vida. Dreher escribe que no puede ser «solamente el lugar donde asistes el domingo —debe convertirse en el centro de tu vida—».[67]

La Iglesia: Un jardín cerrado

La reforma del siglo XVI recuperó a la Biblia como fuente de autoridad, algo que veremos en el próximo capítulo. Esto produjo importantes cambios doctrinales o teológicos. Lo que puede perderse de vista es que la Reforma también produjo un renacer de la Iglesia en los asuntos prácticos de la adoración y la vida congregacional. A través de sucesivos pasos se volvió a dar prioridad a un estilo de la vida neotestamentario de la Iglesia, obviando en muchos casos estructuras jerárquicas de alcance mundial. Se enfocaba cada vez más a la congregación como comunidad que vive bajo la autoridad

---

[66]Rod Dreher, *The Benedict Option* [La opción benedictina], 121 (traducción personal).
[67]Dreher, 131.

de Cristo, llenos del Espíritu y guiados por las enseñanzas claras del Nuevo Testamento.

Los bautistas en la Inglaterra del siglo XVII representaron una de las manifestaciones de estas tendencias eclesiológicas. Perseguidos muchas veces por el gobierno y la iglesia oficial, desarrollaron una práctica fuertemente congregacional. En su *Primera Confesión de Londres* (1644/1646) describieron a la congregación como «una ciudad compacta y unida»,[68] «una compañía de santos visibles»[69] y «el redil amurallado y el jardín cerrado»[70] del Señor.

Las iglesias bautistas del siglo XVII entendieron que la iglesia local era un refugio espiritual en medio de un mundo turbulento. Muchas de sus congregaciones se formaron bajo un pacto de miembros que detallaba sus privilegios espirituales, sus fundamentos doctrinales y los compromisos de la vida comunitaria. Era una comunidad tan estrecha y ordenada que practicaban la disciplina en la iglesia por el bien de los miembros y el cuerpo de la iglesia.

La idea de la iglesia como un «jardín cerrado» no era exclusiva de ellos. La imagen verbal viene originalmente del Libro del Cantar de los Cantares 4:12. Algunos puritanos no bautistas también usaron la frase. Para los ingleses del siglo XVII esta imagen hubiera suscitado imágenes de los jardines floridos y amurallados muy de moda en las grandes casas campestres. Las murallas conservaban estos jardines de los estragos de las batallas, incluso durante la guerra civil inglesa.

Los bautistas tomaron esa imagen bíblica y la representaban como un lugar de deleites, armonía y paz, el cual era conservado por las fuertes paredes protectoras. Entendían también que en un jardín bien cuidado hay gran variedad de flores y plantas, cada una distinta y especial, y todas ordenadas de tal forma que resalten su belleza particular sin distorsionar el diseño armónico de todo el huerto.

Las congregaciones bautistas locales eran autónomas, cada una se percibía responsable solo ante Cristo. El uso de un pacto de membresía

---

[68]First London Confession of Faith [Primera Confesión de Londres] (Lumpkin, Baptist Confessions of Faith), 168-169.

[69]Ibid., 165.

[70]Ibid., 165-166.

y una confesión de fe guardaban su conducta y su doctrina. De esta tradición de intensa vida congregacional surgió, por ejemplo, William Carey y el movimiento misionero moderno del siglo XVIII. Quizás esto no deba sorprendernos porque los esfuerzos misioneros salían de comunidades que vivían intensamente su espiritualidad en las primeras épocas de la Iglesia, empezando con las iglesias locales del primer siglo y luego de los monasterios en siglos subsecuentes. Cabe mencionar que los esfuerzos de Carey y sus hermanos bautistas se inspiraron en el ejemplo de los moravos, otro grupo dedicado a recuperar la vida espiritual y comunitaria de la Iglesia del primer siglo.

UNO Y MUCHOS

En la filosofía existe un antiguo dilema conocido como el problema de *lo uno sobre lo múltiple*. Ese dilema produjo la siguiente pregunta: ¿el mundo es una cosa o muchas cosas? Esta pregunta inquietó a Platón y Aristóteles y sigue vigente en muchos campos de estudio aún más allá de la filosofía, como la cosmología y la sociología.

La teología la resuelve con la realidad trinitaria: Dios es uno y tres. En la Iglesia ocurre algo similar. La Iglesia es un solo cuerpo compuesto de muchos miembros. Sin embargo, en la sociedad no podemos decir lo mismo porque no se encuentra el equilibrio debido a la inevitable fragmentación que resulta cuando la voluntad del individuo reemplaza la autoridad divina. El cuerpo político pierde cohesión entre la multitud de demandas conflictivas de las identidades competitivas multiplicadas.

La Iglesia, sin embargo, vive bajo un credo que promete genuina unidad, paz, e irónicamente, de forma simultánea, la autorrealización del individuo que tanto anhela el mundo. La diversidad de plantas y flores encuentran el espacio ideal para su crecimiento, como en un jardín cerrado, ordenado y protegido. Exponen la belleza de sus formas y flores al ocupar su lugar establecido. Este concepto de la iglesia local recuerda el huerto de Edén, la vida de nuestros primeros padres, ordenado en el tiempo y el espacio y vivido *coram Deo* —delante del rostro del Señor o en la presencia de Dios—.

Pablo habla de la Iglesia como «un solo cuerpo y un solo Espíritu, así como también fueron llamados a una sola esperanza; un solo Señor, una sola fe, un solo bautismo; un solo Dios y Padre de todos, que está sobre todos y por medio de todos y en todos» (Ef. 4:4-6). En la Iglesia, la identidad de Dios sirve como principio ordenador frente a la diversidad y desorden de nuestras propias identidades individuales. Pablo nos dice que la diversidad de identidades que traemos a la Iglesia se absorbe en nuestra nueva identidad en Cristo, donde «ya no hay judío ni griego, esclavo ni libre, hombre ni mujer, sino que todos ustedes son uno solo en Cristo Jesús» (Gál. 3:28).

La membresía en una iglesia bíblica es lo opuesto al consumismo que impera en nuestra cultura. El mundo del consumo me ofrece la ilusión de una autonomía casi divina que pareciera que me permite vivir mi vida como *yo* quiero. Me visto como *yo* quiero, me corto el pelo como *yo* quiero, escucho la música que *yo* quiero, navego en Internet adonde *yo* quiero. Incluso me atribuyo la potestad de definir elementos de mi propia identidad —como el género— que nuestros antepasados creyeron inmutables. A pesar de tanta libertad, descubro que las fuerzas comerciales me han reducido a un algoritmo para venderme ¡lo que *ellos* quieren!

Cuando me hago miembro de una iglesia encuentro un grupo de individuos moldeados no por sus propias inclinaciones, sino por la identidad de Otro. Somos personas convertidas —regeneradas— que confesamos que Cristo es Señor de todo y también de nuestras vidas. Ahora compartimos el propósito en común de representar fielmente a Cristo ante la mirada del mundo. Cada uno de nosotros llegamos a la Iglesia con un trasfondo distinto, pero ahora tenemos un mismo Señor y nuestros destinos ahora convergen en un mismo punto. Encontramos que la misma imagen de Cristo se va construyendo en nosotros bajo la influencia del Espíritu, la disciplina de la Palabra y la ayuda mutua de los hermanos.

Lo maravilloso es que este proceso no produce clones que son iguales por una semejanza rígida e inerte. Como señaló Pablo, nuestra identidad se ancla en Cristo, pero sin eliminar la diversidad de nuestros dones (Ef. 4). Hacerse miembro de una iglesia bíblica es someterse a la disciplina del jardinero divino. Nosotros encontramos nuestra razón de ser y nuestro verdadero potencial florece bajo Su cuidado. Es posible que nuestra iglesia local nos parezca un huerto pequeño, pero vale la pena recordar que el jardinero es también nuestro Rey. Él volverá pronto y toda la creación volverá a florecer.

La Iglesia ayuda a nuestra santificación

La Iglesia representa la principal fuerza evangelística de Dios en el mundo. Pero también funciona como un laboratorio práctico donde los miembros de la Iglesia son santificados. El Nuevo Testamento está lleno de consejos y mandamientos relacionados con nuestra conducta. Lo interesante e importante es que gran parte de ellos carecen de sentido fuera del contexto de la vida comunitaria de la iglesia local. Se dice que la frase «los unos a los otros» aparece unas 100 veces en el Nuevo Testamento, frases como «que se amen los unos a los otros» (Juan 13:34), «ámense los unos a los otros con amor fraternal, respetándose y honrándose mutuamente» (Rom. 12:10) y «sean bondadosos y compasivos unos con otros, y perdónense mutuamente» (Ef. 4:32), presuponen el contexto valioso y vital de la vida congregacional diseñada por el Señor para nuestra fructificación.

No hay que confundirse. Este estilo de vida tiene muy poco de utópico o idílico. A los cristianos todavía nos cuesta tragar el orgullo y poner el bienestar del otro por encima del nuestro. Las vidas de los primeros discípulos y sus fallas se exponen con mucha transparencia en el Nuevo Testamento. La vida en la Iglesia produce crecimiento por la enseñanza de la Palabra, el amor de los hermanos y la influencia del Espíritu Santo en medio de ellos. Sin embargo, muchas veces este crecimiento se produce también en el contexto de conflictos dolorosos. A veces somos pulidos por el Señor por medio de los roces con otros en la Iglesia.

La Iglesia y su funcionamiento en nuestra santificación me hace recordar un pequeño aparato que quería comprar cuando era chico para usarlo como *hobby*. Se trataba de una pulidora de piedras. Para pulir una piedra se pueden utilizar varias técnicas, entre ellas podemos usar una amoladora con una rueda o disco que gira y pule la piedra. Pero el aparato que me interesó de niño funcionaba de otra forma. Tenía un tambor en el cual se insertaban varias piedras, un poco de agua y un material parecido a la arena. El tambor giraba y adentro las piedras chocaban entre ellas de manera que se iban puliendo al pegar una piedra contra la otra.

Así funciona muchas veces la Iglesia. Somos seres humanos imperfectos que nos rozamos dentro del tambor que va girando en la vida diaria. Pero al estar dentro de la Iglesia y ser lavados por la Palabra, se empieza a notar el brillo de un carácter pulido que es transformado por el evangelio. Es cierto que nuestras interacciones en la Iglesia no consisten solo de roces entre hermanos. Vamos aprendiendo a vivir de otra forma en la medida que maduramos. Poco a poco vamos aprendiendo a ayudarnos, enseñarnos, aconsejarnos, confesarnos y discipularnos mutuamente. Nos ayudamos en momentos de necesidad y crisis. De esta forma obedecemos a Jesús cuando dijo: «Y este es mi mandamiento: que se amen los unos a los otros, como yo los he amado» (Juan 15:12).

MEDIOS DE GRACIA Y DISCIPLINAS BÍBLICAS

La Iglesia contribuye a nuestra santificación de distintas formas. Hemos visto que sirve como un laboratorio donde aplicamos las enseñanzas bíblicas en el contexto de nuestra relación con los hermanos. La Iglesia también tiene la función de administrar los medios de gracia. Según el Catecismo Mayor de Westminster, estos medios son tres:

> Los medios externos y ordinarios por los que Cristo comunica a Su Iglesia los beneficios de su mediación son todas sus ordenanzas; especialmente la Palabra, los sacramentos y la oración, todos los cuales son hechos eficaces en los elegidos para su salvación.[71]

El catecismo de Heidelberg difiere del de Westminster porque solamente entiende como medios de gracia ordinarios el ministerio de la

---

[71]Catecismo Mayor de Westminster, Pregunta 154.

Palabra y los sacramentos. Esta discrepancia no debe preocuparnos mucho porque la palabra clave en este contexto es *ordinario*. Se sobreentiende que Dios no se limita a estos medios para brindar gracia a los creyentes porque puede hacerlo de muchas maneras. Sin embargo, Dios ha establecido estas dos o tres prácticas como los medios *ordinarios*, comunes o normales de los que la Iglesia debe ocuparse de ministrar solemnemente y a los que el creyente debe atender para su propio provecho.

Este enfoque en los medios de gracia administrados por la Iglesia invierte la relación entre la dimensión individual y corporativa. Quizás por influencia del individualismo reinante en la cultura en general tenemos la tendencia a poner más énfasis en las disciplinas espirituales personales que en los medios de gracia corporativos. Sin embargo, en la visión reformada, los medios de gracia corporativos toman el lugar prioritario. El cultivo de la vida espiritual privada se subordina y se nutre de la vida de la Iglesia.

Aunque los puritanos solo reconocían tres medios de gracia, entendieron el valor de otras prácticas espirituales. Uno de los primeros que escribió sobre este tema fue Richard Rogers (1550-1618). Su libro *Ayudas para una vida piadosa* abarca los tres medios de gracia y luego desarrolla «ayudas» privadas y familiares. Este esquema me parece muy útil. En un capítulo titulado «La necesidad de ayudas privadas», Rogers nos da dos razones para practicar las disciplinas. En primer lugar, Rogers afirma que las disciplinas privadas pueden practicarse en cualquier momento, mientras que los medios de gracia públicos solo se administran un día por semana. En segundo lugar, el uso regular de las ayudas privadas sirve para potenciar el beneficio de los medios de gracia corporativos.

Muchos autores contemporáneos han creado sus listas de disciplinas necesarias. Richard Foster, por ejemplo, sugiere tres categorías.[72] Primera categoría: las disciplinas internas de la oración, el ayuno, la meditación y el estudio. Segunda categoría: las disciplinas exter-

---

[72]Richard Foster, *Celebration of Discipline* [Celebración de la disciplina] (Londres: Hodder & Stoughton, 1989)

nas de la simplicidad, la soledad, la sumisión y el servicio. Tercera categoría: las disciplinas corporativas de la confesión, la adoración, la dirección y la celebración. Esta lista no tiene nada de malo en sí misma, pero preferimos apoyarnos de forma más directa en los medios de gracia como principio organizador.

La práctica de una espiritualidad de la Palabra comienza con la vida comunitaria de la Iglesia. Michael Horton señala que la piedad de la Reforma, en vez de fluir del individuo a relaciones más amplias, es mejor entendida como una piedad que «baja de la Iglesia a la familia y hacia el individuo».[73] Este es el cuadro que observamos en la Iglesia primitiva, donde los primeros cristianos, al experimentar la presencia del Espíritu Santo, predicaban con fervor y «se mantenían firmes en la enseñanza de los apóstoles, en la comunión, en el partimiento del pan y en la oración» (Hech. 2:42).

El siguiente diagrama sirve para ilustrar las relaciones entre las disciplinas y los medios de gracia.

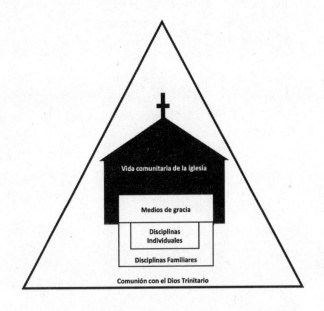

Vida comunitaria de la iglesia

Medios de gracia

Disciplinas Individuales

Disciplinas Familiares

Comunión con el Dios Trinitario

[73]Michael Horton, *For Calvinism* [A favor del calvinismo] (Grand Rapids: Zondervan Academic, 2011), 129.

Lo primero que vemos en el diagrama es que la vida espiritual consiste en una relación íntima entre el creyente y el Dios trinitario. Esa relación con Dios por medio de Jesús se vive en primera instancia en el contexto de la iglesia, bajo la autoridad de la Palabra y en comunión con los hermanos, gozando del privilegio de participar de los medios de gracia administrados por la Iglesia. Las mismas bendiciones espirituales se comparten en el contexto de la familia y, por último, en la vida devocional privada. Aunque hablamos de una progresión que comienza en la Iglesia y termina en el individuo, en realidad sería mejor entenderlo como un ciclo retroalimentado, donde las bendiciones recibidas en un contexto fluyen de forma natural a los otros.

En el próximo capítulo veremos que la Palabra de Dios es el principal medio de gracia. Todo nos llega por la incomprensible gracia de Jesucristo, pues «de su plenitud todos hemos recibido gracia sobre gracia» (Juan 1:16).

Capítulo 14

La Palabra recuperada

En la primera parte de este libro, señalamos a la Palabra como el vehículo por el que Dios nos hace llegar el evangelio transformador. En este capítulo consideraremos la Palabra como el medio de gracia principal por el que Dios produce en nosotros crecimiento espiritual.

La Palabra divina, antes que nada, es una palabra verbalizada —una palabra pronunciada por Dios—. Pero también es una palabra escrita. Por la Palabra verbalizada, Dios creó el mundo. Sin embargo, Dios en Su providencia, se encargó de darnos Su Palabra escrita para transmitir de mejor manera la Palabra de una generación de hombres mortales a otra. Encontramos que Moisés mandó que esta Palabra escrita fuera leída en público:

> Cuando tú, Israel, te presentes ante el Señor tu Dios en el lugar que él habrá de elegir, leerás en voz alta esta ley en presencia de todo Israel. Reunirás a todos los hombres, mujeres y niños de tu pueblo, y a los extranjeros que vivan en tus ciudades, para que escuchen y aprendan a temer al Señor tu Dios, y obedezcan fielmente todas las palabras de esta ley. Y los descendientes de ellos, para quienes esta ley será desconocida, la oirán y aprenderán a temer al SEÑOR tu Dios mientras vivan en el territorio que vas a poseer al otro lado del Jordán (Deut. 31:11-13).

Obviamente, esta lectura oral dependía de la Palabra escrita. Nosotros también experimentamos este vaivén entre la palabra escrita y la leída en voz alta. En nuestros días de fácil acceso a libros impresos y textos electrónicos, más que nada absorbemos la palabra por un circuito cognitivo que pasa por los ojos y va directamente a la mente. Pero la Biblia fue compuesta en el contexto de una cultura oral y el circuito que muchas veces se contempla en las Escrituras es la que incluye los oídos, el corazón y la boca. Jesús dijo: «El que tenga oídos, que oiga» (Mat. 11:15). Pablo escribió, citando Deuteronomio 30:14: «La palabra está cerca de ti; la tienes en la boca y en el corazón» (Rom. 10:8).

La confesión de Westminster lo explica de la siguiente manera:

Le agradó a Dios en varios tiempos y de diversas maneras revelarse a sí mismo y declarar Su voluntad a Su Iglesia; y además, para conservar y propagar mejor la verdad, y para el mayor consuelo y establecimiento de la Iglesia contra la corrupción de la carne, malicia de Satanás y del mundo, le agradó dejar esa revelación por escrito.[74]

¿Será una coincidencia que el primer abecedario del mundo no fuera invención de los imperios dominantes de la antigüedad, como los egipcios o los sumerios? Estas culturas dependían de sistemas aparatosos de jeroglíficos y escritura cuneiforme. En realidad, el primer alfabeto surge entre los semitas. Solamente un abecedario permitiría el desarrollo de la literatura como tal. El alfabeto es el medio providencial de transmisión que permitió la preservación de la Palabra a través de los milenios. Aun cuando una generación se olvidaba de ella, permanecía escondida hasta que un escriba —o un arqueólogo— con manos temblorosas desempolvaba un rollo olvidado por los humanos, pero conservado por el Espíritu de Dios.

El invento de la escritura alfabética no solo permitió la preservación de la Palabra revelada, sino que también permitió la distribución

---

[74]Confesión de Westminster, capítulo 1.

necesaria para su incorporación a la vida comunitaria de Israel. La Iglesia primitiva, siguiendo el ejemplo de la sinagoga, también daba un lugar de honor a la lectura de la Palabra. Las sinagogas en Judea y Galilea poseían copias de los rollos de las Escrituras. Recordemos que Jesús inauguró Su ministerio leyendo una profecía del rollo antiguo de Isaías (Luc. 4:17-20).

Las iglesias cristianas agregaron a sus bibliotecas copias de los escritos de los apóstoles. Pablo instruyó al joven pastor Timoteo: «En tanto que llego, dedícate a la lectura pública de las Escrituras, y a enseñar y animar a los hermanos» (1 Tim. 4:13). Observa cómo Pablo recomienda esta lectura de la Palabra en un contexto que incluye la lucha por la santificación: «Si enseñas estas cosas a los hermanos, serás un buen servidor de Cristo Jesús, nutrido con las verdades de la fe y de la buena enseñanza que paso a paso has seguido. Rechaza las leyendas profanas y otros mitos semejantes. Más bien, ejercítate en la piedad» (1 Tim. 4:6-7). Pablo describe una vida caracterizada por la búsqueda de la santidad con base en la Palabra.

LA RECUPERACIÓN DE LA PALABRA EN LA HISTORIA DE LA IGLESIA

La Palabra de Dios no siempre ha ocupado el lugar merecido en la larga historia de la Iglesia. La espiritualidad cristiana fue distorsionada por prácticas como el culto a María y la mediación de los santos a través de los años. Sin embargo, la Palabra nunca perdió su capacidad de transformar al individuo y a la Iglesia misma. Hemos visto ya ese poder transformador en ejemplos como el de la conversión de Agustín de Hipona.

A pesar de este poder transformador, la influencia de la Palabra de Dios muchas veces menguó en la vida de la Iglesia en diferentes épocas. Sin embargo, Dios, en Su providencia, nunca dejó que la llama se apagara del todo. Copiar los textos bíblicos fue una actividad que se llevó a cabo con la misma disciplina que los antiguos judíos ejercían, aun en lugares remotos azotados por los vikingos como Lindisfarne, un monasterio fundado por monjes irlandeses.

En la época medieval se practicaba la *lectio divina*, una disciplina espiritual de los monjes benedictinos que consistía en 4 pasos: *lectio, meditatio, oratio* y *contemplatio*. Se buscaba a Cristo en cada pasaje, pero los resultados dejaban mucho que desear, ya que la interpretación no obedecía a ningún principio hermenéutico, sino a las impresiones subjetivas del monje.

La Reforma protestante llegó a la Iglesia en el siglo XVI, como también habían llegado los avivamientos a Israel bajo el rey Josías o el escriba Esdras. El principio de *Sola Scriptura* actuó como un ácido que disolvía tradiciones y falsas enseñanzas acumuladas a través de los siglos. Todo se reordenaba y se sujetaba a la Palabra. La Biblia leída y predicada volvió a ocupar el lugar central en la vida de la Iglesia. Como ejemplos puntuales podemos señalar el proceso de reforma en Zúrich, el cual comenzó cuando el exsacerdote católico, Ulrico Zuinglio, se dedicó a la predicación expositiva del Libro de Mateo o la teología magistral de Calvino misma que se forjó en medio de un ministerio activo de enseñanza casi diaria de la Palabra en Ginebra.

El proceso de reforma se agudizó entre los puritanos. Ellos promulgaban una «religión experimental». Es decir, enseñaban que la fe no era simplemente un compendio de dogmas, sino que era algo que se debía sentir y vivir. Las Escrituras eran suficientes para conocer a Dios y sus verdades eran transformadoras porque, así como fueron inspiradas por el Espíritu Santo, también eran aplicadas por el Espíritu a la mente y el corazón de forma tal que producían cambios reales. Por lo tanto, William Perkins (1558-1602) podía escribir que la «teología es la ciencia de vivir de forma bendita para siempre».[75] De forma similar, William Ames (1576-1633) definió la teología como «la doctrina de vivir hacia Dios».[76]

En términos similares, los autores del *Catecismo Menor de Westminster* formularon la pregunta: «¿Qué es lo que enseñan principalmente las Escrituras?». Respondieron: «Lo que principalmente

---

[75]JI Packer, *A Quest for Godliness* [En busca de la santidad] (Wheaton: Crossway, 1990), 64.

[76]William Perkins, *The Marrow of Theology* [El núcleo de la teología] (Grand Rapids: Baker, 1968), 8.

enseñan las Escrituras es lo que el hombre ha de creer respecto a Dios y los deberes que Dios impone al hombre».[77] La Palabra imparte conocimiento de Dios y cuando es bien entendida, entonces cambia vidas.

Hemos visto que un aspecto clave de la espiritualidad protestante era la recuperación de la vida de la congregación de la Iglesia bajo la autoridad de la Palabra de Dios. Michael Haykin mantiene que los puritanos desarrollaron una espiritualidad congregacional distintiva y orientada en dos ejes principales. Primero, su enfoque en la centralidad y suficiencia de las Escrituras los llevó a elevar la predicación como principal medio de gracia. Esto produjo una espiritualidad única del uso del espacio que se hizo evidente en sus lugares de reunión. El catolicismo había puesto el enfoque arquitectónico en el altar y la celebración de la misa. El culto romano contenía un elemento dramático que apelaba a la vista. Esto se expresaba en los exagerados interiores barrocos y rococós de sus iglesias y catedrales repletas de imágenes de santos. En contraste, los protestantes, y en particular los puritanos, prefirieron una decoración minimalista o casi inexistente, ya que el enfoque del culto era la Palabra predicada y oída. El púlpito reemplazó al altar como centro de atención y este se elevaba para simbolizar la supremacía de la Palabra sobre la vida de la congregación.

Segundo, así como los puritanos desarrollaron una nueva espiritualidad del espacio bajo la influencia de la predicación, también expresaron una nueva espiritualidad del tiempo. Esto se hizo evidente en su aplicación del cuarto mandamiento. Le dieron importancia al sábado, ya que el tiempo santificado era necesario para oír la predicación, practicar la oración, la meditación y las buenas obras. Apartar un día a la semana representaba su reconocimiento de que Dios es Señor no únicamente del espacio, sino también del tiempo. Además, entendieron que la consagración del día de reposo era necesario para poder dedicar el tiempo requerido a cultivar las disciplinas.

---

[77]*Catecismo Menor de Westminster*, Pregunta 3.

LA PALABRA Y EL ESPÍRITU

Los puritanos aplicaban métodos gramaticales en la interpretación de las Escrituras, históricos y lógicos, pero entendían que la Palabra tenía vida propia —que penetraba y transformaba vidas—. Esto se debía a su carácter inspirado por el Espíritu Santo y su aplicación al entendimiento y al corazón del ser humano por parte del mismo Espíritu.

Juan Calvino le daba tanta importancia al Espíritu Santo que, según B. B. Warfield, se le debería conocer como el «teólogo del Espíritu Santo».[78] En su debate con el Cardenal Sadoleto, Calvino lo acusó de injuriar al Espíritu Santo porque lo separaba de la Palabra. Para Calvino, Sadoleto caía en el error de dar preferencia a la autoridad de la iglesia antes que a la del Espíritu Santo:

> Si hubieses sabido, o no lo hubieses querido disimular, que el Espíritu ilumina a la Iglesia para abrir la inteligencia de la Palabra y que la Palabra es como el crisol donde se prueba el oro para discernir por medio de ella todas las doctrinas, ¿te hubieras enfrentado con tan compleja y angustiosa dificultad? Aprende, pues, por tu propia falta, que es tan insoportable vanagloriarse del Espíritu sin la Palabra, como desagradable el preferir la Palabra sin el Espíritu.[79]

Esta insistencia en la combinación de la Palabra y el Espíritu le dan un importante equilibrio a nuestra espiritualidad. A través de la historia de la Iglesia han existido falsos maestros que abandonaron las palabras objetivas de la Biblia a favor de una revelación subjetiva y supuestamente recibida de forma directa por el Espíritu Santo. El montanismo del siglo II, por ejemplo, hacía alarde de nuevas profecías y los cuáqueros del siglo XVII le dieron preeminencia

---

[78]Eifion Evans, «John Calvin: Theologian of the Holy Spirit» [«Juan Calvino: Teólogo del Espíritu Santo»], *Reformation and Revival* [Reforma y avivamiento], 10:4 (2001): 83.

[79]Juan Calvino, *A Reformation Debate: John Calvin and Jacopo Sadoleto* [Debate de la Reforma: Juan Calvino y Jacopo Sadoleto] (Nueva York: Fordham University Press, 2000), 55.

a la iluminación interior. Algunos movimientos neopentecostales de nuestra propia época repiten el mismo patrón.

Ante los abusos generados por estos movimientos, a veces los evangélicos nos hemos ido al otro extremo de ver en la Palabra divina un texto que se puede manejar solo con la aplicación de métodos ordenados de interpretación. Nos acercamos al texto como si fuera una serie de cifras que cobran sentido al aplicar metódicamente ciertas fórmulas matemáticas o, peor aún, un cadáver sobre la mesa del médico forense que va revelando sus secretos al descubrir y aplicar conocimientos anatómicos.

Sin duda, son necesarias las técnicas históricas y gramaticales de la interpretación. Estas permiten que practiquemos el escepticismo noble de los de Berea que «recibieron el mensaje con toda avidez y todos los días examinaban las Escrituras para ver si era verdad lo que se les anunciaba» (Hech. 17:11). Sin embargo, no nos olvidamos de que el Espíritu ha revelado la Palabra y el Espíritu nos ayuda a entenderla y aplicarla. El Espíritu nos abre los ojos a la belleza de Cristo y nos convence de nuestra pecaminosidad desastrosa. El mismo Espíritu nos permite ver la maravilla del sacrificio de Jesús y nos atrae esperanzados a la cruz. El Espíritu nos ayuda a aplicar el evangelio revelado en la Palabra a nuestra vida luego de la conversión. La Palabra se convierte en una luz a nuestros pies y sustento para nuestras vidas mediante el Espíritu (Mat. 4:4). Esa es la razón por la que el Señor aún busca adoradores que lo adoren en espíritu y en verdad —siempre uniendo espíritu y verdad—.

La predicación en la historia de la Iglesia

Al estudiar el Libro de los Hechos nos damos cuenta de que la enseñanza de los apóstoles ocupaba el centro de la vida de la Iglesia (Hech. 2:42). En el *Didaché* encontramos esta amonestación: «Hijo mío, acuérdate de día y de noche, del que te anuncia la Palabra de Dios; hónrale como al Señor, puesto que donde se anuncia la Palabra, allí está el Señor».[80] Gregorio Nacianceno dijo en el siglo IV que la teología y la enseñanza en la Iglesia tenían el efecto de «darle al alma alas y de rescatarla del mundo para entregarla a Dios».[81]

Martín Lutero escribió sobre el poder transformador de la predicación:

> Acaso preguntas: ¿qué Palabra es esa que otorga una gracia tan grande y cómo deberé usar tal Palabra? He aquí la respuesta: la Palabra no es otra cosa que la predicación de Cristo, según está contenida en el evangelio. Dicha predicación ha de ser —y lo es realmente— de tal manera que al oírla escuches hablar a Dios contigo.[82]

Heinrich Bullinger (1504–1575), en la Segunda Confesión Helvética, al escribir sobre la naturaleza de la predicación, se refirió al siguiente pasaje: «… al oír ustedes la palabra de Dios que les predicamos, la aceptaron no como palabra humana, sino como lo que realmente es, palabra de Dios, la cual actúa en ustedes los creyentes» (1 Tes. 2:13). Bullinger concluye: «Si hoy en día es anunciada dicha Palabra de Dios en la Iglesia por predicadores debidamente autorizados, creemos que la Palabra de Dios misma es anunciada y escuchada por los creyentes».[83]

El *Catecismo Menor de Westminster* revela la prioridad que los reformadores ingleses le dieron a la predicación cuando pregunta: «¿Cómo viene la Palabra a ser eficaz para la salvación?», y responde de esta forma: «El Espíritu de Dios hace que la lectura, y aún más especialmente la predicación de la Palabra, sean medios eficaces para convencer y convertir a los pecadores, y para edificarlos en santidad y consuelo por la fe, hasta la salvación».[84]

---

[80]*Didaché: La doctrina de los doce apóstoles*, Capítulo IV, 1.

[81]Gregorio Nacianceno, *Oratio* 2.22 en Schaff y Ware, *Nicene and Post-Nicene Fathers: Second Series* [Padres nicenos y post-nicenos: Segunda serie], 209.

[82]Martín Lutero, La libertad cristiana.

[83]Segunda Confesión Helvética, 1.4.

[84]Catecismo Menor de Westminster, pregunta 89.

Observamos que Dios nos habla personalmente, pero nos habla al ser parte de la congregación. La lectura privada de las Escrituras es un gran privilegio que no todos nuestros hermanos en la historia de la Iglesia han tenido y debemos aprovecharla. Sin embargo, cambia nuestra perspectiva cuando dejamos de ver el consumo de la Palabra como una actividad solitaria. Debo preguntarme no solo qué me dice la Palabra a mí, sino que nos dice a nosotros. La lectura privada me bendice, también escuchar predicaciones en Internet y la lectura de grandes teólogos del pasado. Pero el diamante en la corona de las prácticas espirituales es el primero de los medios de gracias: *la Palabra leída y predicada* en la reunión dominical de la iglesia. Oír la voz de Dios por medio de la Palabra predicada en la iglesia me permite oírla en todas sus dimensiones, captar todas las resonancias y ecos.

En Argentina nos encanta el asado. Poner unas buenas carnes en el asador es una de nuestras tradiciones culinarias. Pero no es una actividad solitaria. Cualquiera puede comer un asado solo en casa, pero nunca será lo mismo. El verdadero sabor del asado solo se disfruta rodeado de amigos y familiares. Con la Palabra de Dios sucede lo mismo.

DISFRUTAR LA PALABRA EN COMUNIDAD

¿Cómo debemos prepararnos para una actividad tan importante como escuchar la Palabra en comunión con la Iglesia? Un cristiano debe percibir la reunión dominical de la iglesia como el momento más esperado de la semana y no como una más de las muchas tareas o actividades que tenemos que cumplir. Por lo tanto, nos conviene prepararnos con una solemnidad gozosa, como quienes han sido invitados con sus familias a una audiencia con el Rey de reyes.

Ir al templo era una actividad familiar y comunitaria en el Antiguo Testamento. El salmista escribió: «Yo me alegro cuando me dicen: "Vamos a la casa del SEÑOR"» (Sal. 122:1). Este era su anhelo: «Una sola cosa le pido al Señor, y es lo único que persigo: habitar en la casa del SEÑOR todos los días de mi vida, para contemplar la hermosura del SEÑOR y recrearme en su templo» (Sal. 27:4).

La práctica comunitaria de asistir a la casa de Dios cobra toda su dimensión en el Nuevo Testamento. Ahora el templo somos todos nosotros, la Iglesia (Ef. 2:19-22, 1 Ped. 2:5). Jesús enseña: «Porque donde dos o tres se reúnen en mi nombre, allí estoy yo en medio de ellos» (Mat. 18:20).

De todo lo anterior podemos concluir que debemos santificar el domingo como el día de reposo en el Antiguo Testamento. Los reformadores entendieron con claridad la importancia de observar este día. No es posible practicar ninguna de las disciplinas espirituales sin consagrar el tiempo para su realización. Muchos creyentes han aprendido que Dios bendice si toman en serio la prioridad bíblica de ofrendar de sus recursos económicos. Por eso, muchas veces estiran el salario para cubrir más con menos. De la misma forma, si honramos al Señor con nuestro tiempo, encontramos que Dios nos ayuda a administrar lo que resta de la semana de una forma admirable. Quizás no sea una exageración decir que la lucha por consagrar cada minuto de la vida que el Señor nos ha dado es la esencia de las disciplinas bíblicas.

Benjamin Keach (1640-1704), un pastor Bautista del siglo XVII, escribió:

> Si el Diablo puede persuadir a los hombres de que no existe un Descanso Sagrado, o un día reservado por la autoridad de Cristo, pronto los llevara a no observar ningún día; y así toda adoración evangélica, religión, piedad, y el día especial de adoración, serán derrumbados al mismo tiempo.[85]

Estos resultados serían lamentables ya que la adoración de la Iglesia permite que el creyente experimente «lo más parecido al cielo» y reciba «las más claras manifestaciones de la belleza de Dios». Keach mantenía que en el contexto de la reunión de la iglesia se conocía más la «presencia íntima y efectiva» de Dios que en cualquier otro contexto. Por lo tanto, él indicaba que había que preferir la adoración

---

[85]Benjamin Keach, *The Jewish Sabbath Abrogated* [El día de reposo judío abrogado] (Londres, 1700), 269.

publica antes que la privada, porque en la reunión de la iglesia es donde Dios recibe mayor adoración.

CÓMO OÍR LA PALABRA

Los puritanos tomaban muy en serio el escuchar la Palabra predicada. Muchos de ellos dieron recomendaciones en cuanto a la forma más provechosa de escucharla. Joel Beeke ha resumido los consejos de Thomas Watson (1620-1680) en diez puntos:

1. Debemos preparar nuestras almas por medio de la oración.

2. Debemos cultivar un apetito santo por la Palabra (1 Ped. 2:2).

3. Debemos llegar con corazones dóciles y enseñables.

4. Debemos estar atentos a la Palabra predicada.

5. Debemos recibir la palabra con humildad (Sant. 1:21).

6. Debemos agregarle fe a la Palabra (Heb. 4:2).

7. Debemos esforzarnos por retener lo oído y convertirlo en un motivo de oración.

8. Debemos hacer un esfuerzo por aplicar lo oído a nuestras vidas.

9. Debemos rogarle a Dios que acompañe Su Palabra con la bendición efectiva del Espíritu Santo (Hech. 10:44).

10. Debemos repasar lo que hemos oído.[86]

Al regresar a casa, es importante repasar lo que hemos recibido con los miembros de nuestra familia. Si el pastor está desarrollando una serie

---

[86]Joel Beeke, *The Family at Church* [La familia en la iglesia] (Grand Rapids: Reformation Heritage Books, 2008), 9-35.

de sermones, es bueno acompañar la predicación con la lectura del libro que se estudia. En nuestra iglesia hemos encontrado que es de ayuda cuando los pequeños grupos platican sobre el mensaje del domingo. Esto facilita la aplicación, ayuda a la comprensión y mejora la retención de la Palabra. Josephe Alleine (1634-1668) decía que «nuestras memorias deben funcionar como el arca del pacto donde se guardaba la ley».[87]

Quisiera reiterar que la asistencia a la iglesia se convierte en el eje de nuestras disciplinas espirituales. En realidad, ese es el punto en el tiempo alrededor del cual se organiza la semana entera y, por lo tanto, nuestra vida espiritual. No debemos adoptar una mentalidad legalista. Todo lo contrario, si entendemos que es el momento en la semana donde más nos acercamos a nuestro Señor, nuestra actitud será de una gozosa expectativa.

Es bueno entrar unos minutos antes de la reunión y en silencio pedir Su bendición debido a la expectativa de encontrarnos con el Señor. Nuestros encuentros con los hermanos pueden esperar hasta después de la reunión. Sería provechoso orar también el sábado a la noche por la reunión del domingo. Si a esto agregamos otros preparativos, mejoraremos nuestra capacidad de aprovechar el día para el bien de nuestras almas y las de nuestras familias. Por ejemplo, si preparamos la ropa la noche anterior y quizás también la comida del domingo, el día del Señor se despeja y más que una carga se vuelve una fiesta familiar en que el invitado de honor es el Señor.

Hacer estos cambios no es fácil. Debemos nadar en contra de la corriente de nuestra cultura. Pero vale la pena. Por Su gracia, el Señor ha provisto los medios para establecer un estilo de vida basado en la comunión con Él. El consejo que Timoteo recibió de Pablo en relación con la vida de la Iglesia nos puede servir a nosotros en nuestros hogares: «Porque donde dos o tres se reúnen en mi nombre, allí estoy yo en medio de ellos» (1 Tim. 4:13). El resultado será el mismo: «Persevera en todo ello, porque así te salvarás a ti mismo y a los que te escuchen» (1 Tim. 4:16).

---

[87]Joseph Alleine, *A Sure Guide to Heaven* [Guía segura al cielo] (Edimburgo: Banner of Truth Trust, 1999), 29.

Capítulo 15

La Palabra en el andar diario

E n el capítulo anterior observamos la prioridad de la Palabra como medio de gracia administrada en la iglesia. De esta Palabra predicada se nutren las disciplinas que practicamos a diario. Es necesario tener en cuenta que, si malinterpretamos las disciplinas, estas se pueden volver rutinarias y aburridas. Sin embargo, si las entendemos y practicamos de manera adecuada, entonces pueden convertirse en las ventanas por las cuales Dios llene cada rincón de nuestra vida con Su gloriosa luz.

Conocí a un misionero presbiteriano de Corea hace un tiempo. No hablaba español y me costaba entender su inglés, pero igual logramos tener una linda conversación sobre la lectura de la Biblia. Me platicó que su costumbre era escribir la Biblia. «¿Cómo?», le pregunté. Me dijo que por lo regular hacía una copia, palabra por palabra, de toda la Biblia. Ya había copiado la Biblia completa en coreano, inglés y en el idioma del campo misionero donde sirve. Ahora estaba copiando el Nuevo Testamento en griego y al terminar quería copiar el Antiguo Testamento en hebreo. Me dijo a modo de conclusión: «Sí, esto es muy bueno para entender muy bien la Biblia». La esposa del pastor coreano me dijo que una de las bendiciones de esta práctica es poder regalarles a los hijos la Biblia copiada por la mano de su padre.

Era la primera vez que conocía a una persona que tuviera esta práctica. Las disciplinas bíblicas no lo recomiendan, aunque sí figura en la misma Biblia. El Señor impuso un requisito a los nuevos reyes de Israel: «Cuando el rey tome posesión de su reino, ordenará que le hagan una copia del libro de la ley, que está al cuidado de los sacerdotes levitas» (Deut. 17:18). A lo mejor, pocos llegaremos a copiar la Biblia entera con nuestro propio puño y letra, pero hay muchas cosas que podemos hacer para darle prioridad en nuestras vidas.

EL CULTO FAMILIAR

Hace poco, una de mis hijas me agradeció porque, cuando ella era chica, en nuestra casa acostumbrábamos a tener cultos familiares. Todas las noches leíamos una versión de la Biblia para niños. Además, a pesar de las demandas del ministerio, practicamos algo que había aprendido de mis padres. Reservábamos una noche para pasar tiempo juntos. Llegó a conocerse como la noche de los *brownies* porque establecimos la tradición de que mi esposa preparara ese postre para disfrutarlo en familia. Veíamos alguna película familiar edificante o leíamos algo como *Las Crónicas de Narnia*.

Fue difícil mantener este ritmo cuando nuestros tres hijos asistían a la escuela secundaria, así que comenzamos a poner énfasis en que cada uno desarrollara sus propias disciplinas de lectura y oración. Los domingos dábamos prioridad a una comida familiar en la que cada uno compartía lo que había leído y cómo Dios les había hablado mediante Su Palabra.

Mi hija me hizo una confesión después de agradecerme por estas cosas. Me dijo que muchas veces no había leído nada durante la semana y antes de comer el domingo leía algo rápido para tener algo para compartir. Eso me causó gracia, porque, en parte, yo sabía que su hermano hacía lo mismo. Mi hija lo hacía con más sutileza porque, en su caso, nunca nos dimos cuenta. De todas formas, mi hija señaló que en esos años se plantó una semilla que ahora rinde fruto en su vida.

Lo ideal es que nuestro culto familiar tenga las siguientes características:

- **Sencillez**. Este tipo de reuniones familiares no deben ser complicadas. Conviene mantener un ambiente relajado donde prestemos atención, pero sin mayor formalidad. Si se acompaña de risa, mucho mejor. La reunión puede consistir simplemente en la lectura de un capítulo de un libro devocional. Mucho mejor es leer la Biblia y comentarla, haciendo aplicación a la vida familiar y las situaciones de cada miembro. El padre y la madre deben ayudar a que se muestre a Cristo y el evangelio y que no sea simplemente una arenga moralista que usemos para promover la buena conducta entre nuestros hijos. Conviene buscar ideas claves y poner énfasis en unos pocos conceptos que se reafirmen con claridad. Entendemos que para padres o madres que están solos o que sus cónyuges no son del Señor, esto puede ser más complicado. Pero el Señor, en Su gracia, puede abrir los espacios y tiempos necesarios que van a producir el mismo fruto espiritual. Una herramienta de mucho valor son los catecismos. Algunos miembros de nuestra iglesia han visto hermosos resultados con sus hijos. Lamento no haberlos aprovechado con mis propios hijos.[88] También es bueno repasar el sermón del domingo y lo que aprendieron en la escuela dominical. No siempre es posible, pero cuando hay coordinación entre las clases de escuela dominical, grupos pequeños y el mensaje del domingo, esto ayuda mucho a fortalecer las reuniones familiares de los miembros durante la semana.

• **Regularidad.** Es más importante la constancia o regularidad que la cantidad de tiempo empleado. No es necesario que sea más largo que unos 10 minutos y es preferible que no dure más de media hora. La reunión familiar se puede aprovechar para incentivar la lectura individual, aun cuando los niños sean muy pequeños.

• **Pastoreo.** Es importante que los padres entendamos que somos responsables de pastorear a nuestros hijos. La reunión

---

[88]Puedes consultar el material de Lifeway para niños en https://www.lifeway.com/en /shop/espanol/ninos.html.

familiar es una herramienta clave para esta tarea. Incentivar la participación de los niños —que comenten, pregunten y participen en la oración— nos ayudará a entender su condición espiritual y las formas en que podemos ayudarlos a avanzar en sus vidas cristianas. Vuelvo a recalcar que la responsabilidad de la vida espiritual de nuestras familias recae primero sobre nosotros como padres y no en la iglesia.

- **Coherencia**. Es importante vivir conforme a lo que predicamos. Es muy fácil aparentar ser fieles seguidores de Cristo por unas pocas horas en la iglesia el domingo. Pero nuestros hijos y cónyuges saben quiénes somos de verdad porque conviven con nosotros todos los días de la semana. No tenemos que ser perfectos, pero sí transparentes y dispuestos a rendir cuentas. Si nuestros seres queridos ven en nosotros un esfuerzo genuino por vivir según la Palabra de Dios y admitimos nuestras faltas cuando fallamos, entonces nuestro ejemplo será transformador. Muchas veces lo que más tiende a producir cinismo doloroso en nuestros hijos es ver la doble vida de sus padres.

Más allá de la importancia de tener cultos familiares, es importante entender que como padres debemos dar ejemplo en todo momento de carácter cristiano. La espiritualidad bíblica no es algo que se practica solo en momentos separados durante la semana, sino que es un estilo de vida que depende de una cosmovisión basada en el concepto de *Coram Deo*: vivir en la presencia y bajo la mirada de Dios. Si entendemos esta presencia real y constante de Dios, nos daremos cuenta de que cada instante de nuestras vidas debe ser dedicado a la obediencia y adoración del Señor, quien está presente en nuestras vidas.

Esta es la idea detrás de uno de los pasajes más importantes del Antiguo Testamento sobre la vida familiar. Deuteronomio nos presenta una declaración del credo básico de Israel: «Escucha, Israel: El SEÑOR nuestro Dios es el único SEÑOR. Ama al SEÑOR tu Dios con todo tu corazón y con toda tu alma y con todas tus fuerzas»

(Deut. 6:4-5). Notemos cómo pasa rápidamente del plano nacional al familiar. Es decir, el credo nacional que servía como fundamento del pacto de Dios con Israel se debía implementar en un plan pedagógico a nivel familiar:

> Grábate en el corazón estas palabras que hoy te mando. Incúlcaselas continuamente a tus hijos. Háblales de ellas cuando estés en tu casa y cuando vayas por el camino, cuando te acuestes y cuando te levantes. Átalas a tus manos como un signo; llévalas en tu frente como una marca (Deut. 6:6-8).

La vida espiritual de la familia tenía momentos especiales reservados durante el año. En familia subían a Jerusalén a celebrar distintas fiestas como, por ejemplo, la de los Tabernáculos. El padre cumplía una función sacerdotal durante la celebración de la pascua, ya que se encargaba del sacrificio para su familia.

La vida espiritual no se limitaba a estos momentos especiales del calendario o al espacio sagrado del Templo en Jerusalén. Toda la vida en toda la Tierra Prometida era de adoración al Dios de Israel. Este es el significado del imperativo de enseñar la Palabra de Dios en todo momento, desde que nos levantamos, al salir de casa y al andar por el camino. De la misma forma, nuestra responsabilidad es aprovechar cada momento para tirar abajo la esterilidad del secularismo que nos amenaza y estampar en las conciencias de nuestros hijos la presencia y la gloria del eterno Dios viviente.

LAS ANTIDISCIPLINAS ESPIRITUALES

Hace tiempo me percaté de que había desarrollado una mala costumbre. En los momentos en que estaba desocupado, por ejemplo, al estar haciendo fila para pagar en el supermercado, o en cualquier otro momento libre, sacaba de inmediato el teléfono para mirar sitios de noticias mundiales. No es malo querer estar informado, pero se me había hecho una reacción inconsciente y automática. Es decir, un hábito y casi una adicción. Lamenté que mi reacción natural no fuera buscar un salmo, meditar en las Escrituras, memorizar un versículo u orar por mis hermanos.

¿Cuál es la solución? No es fácil, pero debemos lograr que las nuevas tecnologías de la comunicación nos sirvan y no nos controlen. La pornografía no es la única adicción virtual que nos puede dominar. Estas adiciones podemos entenderlas como «antidisciplinas espirituales».

¿Cómo las enfrentamos? En primer lugar, las tenemos que identificar. Pidámosle al Señor, quien escudriña nuestros corazones, que nos ayude a identificarlas. En segundo lugar, las tenemos que controlar y, en algunos casos, las debemos eliminar por completo, como en el caso de la pornografía. En otros casos, simplemente debemos limitarlas. Esos hábitos esclavizantes, como el uso excesivo de las redes sociales o la lectura de las noticias en todo momento, se deben limitar a tiempos muy reducidos. El Señor nos ayudará pues nos ha dado el «espíritu de timidez, sino de poder, de amor y de dominio propio» (2 Tim. 1:7).

Es indudable que antes del Internet ya existían «antidisciplinas». John Bunyan lamentaba el tiempo que había dedicado a los juegos y deportes los domingos antes de su conversión. Estas formas de desperdiciar el tiempo aún existen y nos pueden causar problemas. No podemos negar que hay un lugar saludable en la vida para muchas actividades sanas. No debemos caer en una postura legalista que nos lleve a pensar que hasta salir a andar en bicicleta con nuestros hijos es malo. En el jardín de la vida hay lugar para una diversidad de flores. Simplemente debemos cuidar que las malas hierbas de las antidisciplinas no estrangulen las flores y los árboles frutales de los medios de gracias y las disciplinas bíblicas.

LAS DISCIPLINAS BÍBLICAS

Al haber pasado por el uso de la Palabra en el contexto de la iglesia y la familia, llegamos ahora a las disciplinas espirituales en la vida del individuo. Recordemos que tener una copia de la Biblia era un privilegio impensable para muchas generaciones de cristianos que nos precedieron. Además, no siempre existió el alfabetismo casi universal que encontramos ahora en muchos de nuestros países.

¿Cómo podemos aprovechar al máximo la bendición de poseer una copia de la Palabra de Dios? El consejo del puritano Richard Greenham (1535-94), nos puede ayudar.[89] Para la lectura de las Escrituras, Greenham recomienda ocho características:

1. **Diligencia**. Debemos ejercer más diligencia en la lectura privada que en cualquiera de nuestras actividades seculares. Si somos diligentes, entonces el esfuerzo se nos hará más fácil. Es como ejercitar un músculo. Cuanto más lo ejercitamos, más fuerte se pondrá y será capaz de hacer más cosas. La clave es la regularidad. Por eso, es bueno establecer un tiempo diario y permanente de lectura de la Biblia.

2. **Sabiduría:** Greenham señala que debemos ser sabios en la lectura bíblica, entendiendo nuestra propia capacidad. Esto es lo mismo que hará un predicador al adaptar su predicación al nivel y capacidad de sus oyentes. Considero que es mucho más importante lograr regularidad que buscar leer muchos capítulos. Mi recomendación sería leer suficiente como para poder captar una o dos ideas claves. Para esto basta un salmo o parte de un capítulo de los Evangelios. También es recomendable seguir un orden preestablecido en vez de abrir la Biblia todos los días al azar. Hay muchos planes de lectura. No es necesario leer la Biblia completa en un año (aunque esto es muy bueno y provechoso). Actualmente, mi esposa y yo seguimos un plan de lectura que permite leer toda la Biblia en dos años.[90] Esto lo hacemos antes del desayuno, acompañados de un café. En la noche, antes de dormir, leemos juntos un libro de contenido espiritual.

---

[89]Richard Greenham, *Reading and Understanding the Scriptures* [Leer y comprender las Escrituras] (Pensacola: Chapel Library, 2017).

[90]https://media.thegospelcoalition.org/wp-content/uploads/sites/4/2021/01/11171849/Leyendo_la_Biblia_Plan2021.pdf

3. **Preparación**. Greenham recomienda tres pasos a modo de preparación. El primer paso es acercarnos a la lectura con temor reverencial. El segundo paso es acercarnos a la lectura con fe en Cristo. Greenham pregunta: «¿No será que Cristo abrirá nuestro entendimiento como lo hizo con Sus discípulos en el camino a Emaús?». El tercer paso es acercarnos con un genuino deseo de aprender.

4. **Meditación**. Greenham asevera que la meditación posterior a la lectura es tan importante como la preparación previa. En realidad, la meditación es una disciplina por sí misma y muy valorada por los puritanos. Sin embargo, no se le puede separar de la lectura de la Palabra o de escuchar la Palabra predicada. La meditación puede servir como un puente natural entre nuestro consumo de la Palabra y la oración. ¿Qué es la meditación? Es simplemente digerir la Palabra. Es repasarla durante todo el día y buscar cómo aplicarla directamente a nuestras vidas. Es como la vaca que va rumiando mientras digiere su comida más de una vez. Hablo de un proceso consciente de pensamiento disciplinado que acompaña a nuestra lectura. Vale la pena aclarar que esta meditación cristiana no tiene nada que ver con el vaciamiento mental de la meditación mística. La meditación involucra activamente nuestra mente y afectos. Greenham entrega el ejemplo de la diferencia entre vagar a la deriva en un bote y el trabajo necesario con los remos enfocado y dirigido para llegar a un destino determinado. Las mismas Escrituras nos aseguran que la meditación en la Palabra produce gran bendición: «Recita siempre el libro de la ley y medita en él de día y de noche; cumple con cuidado todo lo que en él está escrito. Así prosperarás y tendrás éxito» (Jos. 1:8).

5. **Compartir.** Los puritanos practicaban la disciplina de lo que se conocía como «conferencia». Esta no era una reunión masiva donde se escuchaba a unos pocos disertantes, sino un

grupo pequeño de hermanos que compartían todos juntos lo que estaban aprendiendo de Dios. Era algo parecido a lo que conocemos hoy como un grupo pequeño o un estudio bíblico en casa. Compartir de manera informal sirve para bendecirnos mutuamente y afirmar las verdades aprendidas: «El hierro con hierro se afila, y un hombre aguza a otro» (Prov. 27:17). Lo que se comparte se entiende y se recuerda mejor.

6. **Fe:** Greenham mantiene que nuestra lectura de las Escrituras se debe mezclar con fe, ya que sin fe no es provechosa para nuestras almas (Heb. 4:2) y «sin fe es imposible agradar a Dios» (Heb. 11:6).

7. **Práctica:** El fruto de nuestra fe se observa en la aplicación y la obediencia práctica. El Espíritu Santo hace que la Palabra sea efectiva y el resultado es evidente en los cambios producidos en nuestros pensamientos, actitudes y acciones. Aquí encontramos el punto donde los medios de gracia y la práctica de las disciplinas espirituales se conectan de forma directa con la lucha por la santidad que detallamos en los capítulos 9 al 11.

8. **Oración:** Nuestra oración se puede confundir de tal forma con el contenido de la lectura privada, que es casi imposible distinguir entre las dos. Debe existir una estrecha relación entre nuestro consumo de la Palabra y nuestras oraciones. Cristo prometió que todo lo que pidiéramos en Su nombre sería concedido (Juan 14:13) y Él mismo sometió sus propias oraciones a la voluntad de Su Padre. Nuestra efectividad en la oración depende de que pidamos según Su voluntad y la única forma en que podemos conocer Su voluntad es mediante las Escrituras. Por lo tanto, la oración y la lectura son inseparables. Las dos son parte de esa conversación con Dios que tenemos el privilegio de mantener de forma permanente.

Existen otras disciplinas que pueden resultar de bendición además de estas prácticas. Como ejemplos tenemos la memorización de las Escrituras y el hábito de mantener un diario de vida espiritual. La memorización es una disciplina bastante sencilla. Basta encontrar un pasaje breve, anotarlo en una tarjeta y llevarlo en el bolsillo. Sacamos la tarjeta y la repasamos cada vez que tenemos un momento libre.

En cuanto a la forma de hacer un diario, debo confesar que nunca lo he hecho. Sin embargo, la idea es sencilla. Anotamos en un cuaderno diariamente lo que leímos ese día en la Biblia, cuáles fueron las ideas más llamativas que surgieron de esa lectura y la aplicación que tiene para la vida diaria. También podemos apuntar las peticiones de oración más sobresalientes y cualquier respuesta recibida por parte de Dios. De nuevo, la idea es no complicarse y la mayor sencillez es preferible.

Estas últimas disciplinas no son imprescindibles u obligatorias. La oración y la lectura de la Palabra, en cambio, son esenciales. Si estas prácticas adicionales nos ayudan a enfocar nuestra relación con el Señor por medio de la lectura de la Palabra y la meditación en ella, bienvenidas sean. Sin embargo, recordemos que Dios no desea la multiplicación de prácticas religiosas, sino corazones contritos, porque es mejor la obediencia que el sacrificio (1 Sam. 15:22).

Las disciplinas bíblicas son hábitos saludables que sirven para darle forma a nuestra vida espiritual que redunda en todas nuestras áreas. Profundizan la bendición que recibimos por los medios de gracia en nuestra iglesia y nos ayudan a adorar a Dios en espíritu y verdad.

El salmista dijo: «Tu palabra es una lámpara a mis pies; es una luz en mi sendero» (Sal. 119:105). La Palabra nos indica el camino de la bendición. Para los puritanos, la Palabra predicada en la congregación era prioritaria, pero de ahí la luz de la Palabra se extiende a todos los ambientes de nuestra vida por medio de la lectura en la familia, en los estudios de grupo pequeño y por medio de disciplinas individuales y privadas. Mal entendidas, las disciplinas se pueden volver rutinarias y aburridas —legalistas e infructuosas—. Es mi oración que puedan ser una de las formas por las que Dios llene todos los espacios y tiempos de nuestra vida con Su gracia y luz gloriosa.

Capítulo 16

La Palabra hecha visible

E l Museo del Prado en Madrid es la sede de la colección de arte española más importante del mundo. Esta colección sirve no solo para trazar las alturas creativas más sublimes de los artistas ibéricos, sino también la historia social y religiosa del país. Refleja también el desarrollo de una espiritualidad típicamente española con su severo catolicismo expresado en cuadros tétricos de la muerte de Cristo y la angustia de la virgen. La colección revela las enormes influencias que marcaron el estilo del catolicismo en las Américas.

El arte español no está representado exclusivamente con este estilo oscuro y sofocante. Pintores de la talla de Velázquez y Sorolla expresaron una visión vibrante de la vida por medio de sus capacidades técnicas insuperables. Hay algunas obras de marcada belleza y emotividad aun dentro del contexto del arte religioso. Uno de los cuadros religiosos que más me gusta se titula *Agnus Dei* —el cordero de Dios—. Francisco de Zurbarán (1598-1664) pintó la figura de un cordero, «... un carnerillo en este caso aparece con las patas atadas, con expresión de mansedumbre y dando una gran sensación de abandono».[91] Tengo una pequeña reproducción, un afiche, de este cuadro. Cada vez que veo esta imagen de Zurbarán me parece oír ecos de aquella voz que clamaba en el desierto y que en algún momento

---

[91]*La Guía del Prado* (Madrid: Museo Nacional del Prado, 2009), 94.

señaló la identidad de Jesús: «¡Aquí tienen al Cordero de Dios, que quita el pecado del mundo!» (Juan 1:29).

La espiritualidad de la Reforma protestante se centra en la Palabra, tanto escrita como expuesta de forma verbal. Eso hizo mirar siempre con sospecha aquellas prácticas espirituales que dependían de una cierta visualización. El movimiento entendió que las imágenes católicas y los íconos ortodoxos, si no eran directamente idólatras, abrían la puerta a esa falsificación de la adoración. Estas apreciaciones se anclaban en el segundo mandamiento que prohíbe la fabricación de ídolos. Sin embargo, en los sacramentos o las ordenanzas, la visión física del creyente cobraba importancia. Según la *Confesión de Westminster*:

> Los sacramentos son señales y sellos santos del pacto de gracia, instituidos directamente por Dios, para representar a Cristo y a sus beneficios y para confirmar nuestra participación en Él, y también para establecer una distinción visible entre aquellos que pertenecen a la Iglesia y el resto del mundo, y para obligarlos solamente al servicio de Dios en Cristo, conforme a Su Palabra.[92]

En las aguas del bautismo y en el pan y vino de la Cena del Señor encontramos un cuadro visible del sacrificio de Cristo, de nuestra unión con Él y con la Iglesia redimida. Al escribir a la iglesia de Corinto, Pablo recordó la enseñanza que había recibido del Señor:

> Yo recibí del Señor lo mismo que les transmití a ustedes: Que el Señor Jesús, la noche en que fue traicionado, tomó pan, y, después de dar gracias, lo partió y dijo: «Este pan es mi cuerpo, que por ustedes entrego; hagan esto en memoria de mí». De la misma manera, después de cenar, tomó la copa y dijo: «Esta copa es el nuevo pacto en mi sangre; hagan esto, cada vez que beban de ella, en memoria de mí». Porque cada vez que comen

---

[92]*Confesión de Westminster*, capítulo 27.

este pan y beben de esta copa, proclaman la muerte del Señor hasta que él venga (1 Cor. 11:23-26).

Más que un cuadro de Da Vinci o Rubens, la participación en la Cena de Señor expone ante nuestros ojos y nuestros corazones la naturaleza cruel y el valor infinito del sacrificio de Cristo por nosotros.

PALABRAS VISIBLES

Los sacramentos o las ordenanzas eran «palabras visibles» para los reformadores. El evangelio y la gracia se comunicaban igual que por medio de la Palabra escrita en la Cena del Señor y el bautismo. Calvino, fue influenciado por Agustín de Hipona, quien escribió: «Quita la palabra y ¿qué es el agua, sino solo agua? Se añade la palabra al elemento y se hace el sacramento, como si fuera él también una palabra visible».[93] Agustín agregó: «¿Y de dónde le viene al agua tanta virtud, que con el contacto del cuerpo lave el corazón, sino por la eficacia de la palabra, no de la palabra pronunciada, sino de la palabra creída?».[94]

Los reformadores entendían que la Palabra se comunica a la iglesia de dos formas: de forma invisible, es decir, por medio de la Palabra predicada audiblemente; y de forma visible por medio de los símbolos de las ordenanzas. La segunda forma, las ordenanzas, depende de la primera. Los símbolos de las ordenanzas, separados de la Palabra, están vacíos y carecen de significado. Los elementos —el pan y el vino de la Cena, el agua del bautismo— no son mágicos. No tienen poder inherente. Su efectividad depende de su vínculo con la Palabra, la cual debe ser creída y vivida.

Los símbolos del bautismo y de la Cena del Señor hablan de los efectos de la obra redentora de Cristo que producen perdón, purificación y la nueva vida en unión con Cristo. Es así como Pablo puede relacionar el bautismo con los efectos de la Palabra de Dios:

---

[93] Agustín de Hipona, Tratados sobre el Evangelio de Juan, 80.3.
[94] Ibid.

Esposos, amen a sus esposas, así como Cristo amó a la iglesia y se entregó por ella para hacerla santa. Él la purificó, lavándola con agua mediante la palabra, para presentársela a sí mismo como una iglesia radiante, sin mancha ni arruga ni ninguna otra imperfección, sino santa e intachable (Ef. 5:25-27).

Las ordenanzas también hablan del pacto por el que nos encontramos en unión con Cristo y con los hermanos de la iglesia. En cuanto a la Cena, Cristo dijo: «Esto es mi sangre del pacto, que es derramada por muchos para el perdón de pecados» (Mat. 26:28). Algunas iglesias tienen la costumbre de que el pastor rompa el pan ante los ojos de la iglesia cuando la Cena se celebra. Esto produce un cuadro vívido de los sufrimientos del Señor, así como el comer y beber juntos simboliza la vida espiritual compartida que recibimos al nutrirnos del evangelio.

LA PRESENCIA DE CRISTO

La Reforma arrojó distintas posiciones sobre la Cena del Señor. Uno de los temas más tratados era la presencia de Cristo en la cena. La transustanciación de la Iglesia católica carecía de apoyo bíblico. Lutero enseñó la consustanciación, pero esta postura tampoco encontró apoyo en las iglesias reformadas. Una de las posturas más aceptadas en el mundo evangélico de nuestros días es la de Ulrico Zuinglio (1484-1531), el gran reformador de Zúrich. El reformador consideraba la cena simplemente como un recordatorio de la obra de Cristo en la cruz. Sin embargo, Calvino y muchas iglesias reformadas, incluyendo las de los bautistas reformados, abrazaron la idea de la presencia espiritual de Cristo en la Santa Cena. Esta es la postura de la *Confesión Bautista de 1689*:

> Los que reciben dignamente esta ordenanza, participando externamente de los elementos visibles, también participan interiormente, por la fe, de una manera real y verdadera, aunque no carnal ni corporal, sino alimentándose espiritualmente de Cristo

crucificado y recibiendo todos los beneficios de Su muerte. El cuerpo y la sangre de Cristo no están entonces ni carnal ni corporal, sino espiritualmente presentes en esta ordenanza para la fe de los creyentes, tanto como los elementos mismos lo están para sus sentidos corporales.[95]

Nos nutrimos espiritualmente de Cristo a través de los símbolos. Jesús mismo dijo: «Yo soy el pan vivo que bajó del cielo. Si alguno come de este pan, vivirá para siempre. Este pan es mi carne, que daré para que el mundo viva» (Juan 6:51). La Cena ilustra esta verdad y el Espíritu de Jesús nutre nuestras almas.

En la Cena también se produce una comunión especial entre cada creyente, la Iglesia y el Señor. Según John Owen, «en la ordenanza de la cena del Señor se obtiene una especial y peculiar comunión con Cristo, en Su cuerpo y sangre».[96] De nuevo recurrimos a la *Confesión Bautista* donde se nos dice que la Cena fue instituida por Jesús como recordatorio de Su sacrificio. Su práctica confirma la fe de los creyentes y sirve para su alimentación y crecimiento espiritual. Además, funciona «para ser un vínculo y una prenda de su comunión con Él y entre ellos mutuamente».[97] La Cena es una promesa y una garantía de mi unión con Cristo y de la consecuente unión personal con los otros hermanos de la Iglesia. Esto es lo que quería decir John Owen cuando escribió:

Reconocemos Su presencia en el poder de Su sacrificio reconciliador y observamos la ordenanza con una confianza reverente de que en este sacrificio Cristo se nos acerca como garantía de la promesa de Su amor salvador a cada uno personalmente, de tal modo que nos sentamos a Su mesa como amigos del Señor.[98]

---

[95]Confesión Bautista de Lóndres, (1689), 30.7.
[96]The Works of John Owen, Volume 9: Sermons to the Church [Las obras de John Owen, Vol. 9: Sermones a la Iglesia] (Banner of Truth, 1965), p. 523
[97]Confesión Bautista de Londres, (1689), 30.1.
[98]J.I. Packer, Among God's Giants [Entre los gigantes de Dios] (Kingsway, 1991), 281.

Cristo nos invita a Su mesa. La comida está lista. El pan y el vino nos esperan. Su obra está completa y somos Sus beneficiarios.

LA DISCIPLINA

Los reformadores hablaban de dos o tres medios de gracia: la Palabra predicada, las ordenanzas y en algunos casos, como en la *Confesión de Westminster*, la oración. Había otra pregunta que se hacía: «¿Cuáles son las marcas de una iglesia genuina?». Aquí también encontramos dos y a veces tres respuestas. Pero lo interesante es la estrecha relación entre las marcas de una iglesia genuina y los medios de gracia. Las marcas de la iglesia genuina son la predicación fiel de la Palabra, la correcta administración de las ordenanzas y, en algunos casos, la práctica de la disciplina bíblica.

De cierta forma, no era necesario incluir esta tercera marca de una iglesia genuina porque se encuentra de forma implícita en la idea de la administración correcta de las ordenanzas. Detrás de estas ideas de las ordenanzas había un desarrollo del entendimiento de la naturaleza de la iglesia. La eclesiología de John Owen nos sirve como marco de referencia en este caso.

Owen vivió de cerca muchos de los eventos más importantes en la historia de la reforma inglesa. Por un tiempo fue capellán de Oliver Cromwell y rector de la Universidad de Cambridge, además de ser pastor. Sus vivencias lo llevaron a salir de la iglesia anglicana para ser pastor independiente de una iglesia congregacionalista.

Owen entendía que la Iglesia tiene un aspecto universal que consiste en la agrupación de todos los creyentes en todo lugar. A la vez, a diferencia de algunos, Owen tenía una idea muy definida de la iglesia local. La iglesia local era para Owen «una sociedad de hombres llamados por la Palabra a la obediencia de la fe en Cristo, y llamados a la adoración conjunta de Dios por medio de las ordenanzas individuales, según el orden establecido por Cristo».[99] Michael Haykin lo resume así: «Una iglesia particular es una congregación reunida,

---

[99]Matthew Barrett y Michael A.G. Haykin, Owen on the Christian Life [Owen sobre la vida cristiana] (Wheaton: Crossway, 2015), 244.

en donde Dios es adorado de forma correcta, los sacramentos del bautismo y la Cena del Señor son administrados, y la disciplina se practica en amor».[100]

Es decir, la iglesia local no era un lugar donde un cristiano optaba por escuchar un mensaje el domingo. No era como ir al cine a disfrutar de una película que me gusta. Por ejemplo, si quiero ver una película de *Star Wars* tengo varias opciones en Córdoba. Puedo ir al histórico Gran Rex en el centro o a varios cines en distintos centros comerciales de la ciudad. La iglesia local no es como un cine. Por el contrario, se trata de una sociedad de miembros comprometidos por medio de un pacto a la adoración de Dios y a una vida comunitaria que refleje los valores del reino de Dios. Es decir, una vida en comunidad, marcada por el amor y la santidad. Ahora pertenecemos al Señor por redención y a una familia espiritual por incorporación. El bautismo es la fiesta por el nacimiento espiritual de un nuevo miembro de la familia y la Cena es la comida familiar a la que asisten todos los miembros y en la cual el mismo Señor nos alimenta y nos recuerda Su obra perfecta a nuestro favor.

Owen enseñaba que el miembro de una iglesia tiene cuatro responsabilidades básicas: (1) ejercer el amor mutuo hacia los otros miembros de la iglesia; (2) mantener la santidad personal y la obediencia a los mandamientos de las Escrituras; (3) servir de forma práctica a los otros miembros de la iglesia local, a otras iglesias hermanas y a todos los hombres en la medida que esto sea posible; y (4) cumplir con los deberes de cada miembro según su llamado en Cristo. Es decir, que los pastores debían ser diligentes en su tarea, así como los diáconos, maestros, etc. Podemos extender esto a decir que cada uno tiene el deber de usar los dones recibidos del Señor de una forma responsable para la bendición de todos.

---

[100]Ibid.

CÓMO NOS PREPARAMOS PARA LA CENA

Cuando era niño jugaba con mis hermanos todo el día afuera de la casa. A la hora de comer, nuestra madre nos llamaba: «¡Vengan a comer!». Al entrar a la cocina siempre nos mandaba a lavarnos las manos, a limpiarnos la cara y a peinarnos. Todos corríamos a lavarnos las manos y nos secábamos todos con la misma toalla que terminaba tirada en el piso. Si hacíamos el intento de peinarnos, no servía de mucho. Solo cambiaba un poco la configuración de los pelos parados.

Para la Cena del Señor también somos convocados por Él y nos preparamos para asistir. En nuestra iglesia siempre lo anunciamos previamente y pedimos que, si alguien tiene problemas con algún hermano, busque la reconciliación antes de participar de la mesa del Señor. Durante un momento de oración silenciosa, antes de compartir la cena, solemos dar lugar a que los hermanos busquen reconciliación en ese mismo momento. De esta forma podemos participar de esta ceremonia sin hipocresías.

Esos momentos previos también sirven para poner las cosas en orden con el Señor, para sincerarnos con Él, confesar nuestros pecados y arrepentirnos de ellos. Algunos pastores puritanos tomaban esto con tanta seriedad que la iglesia repartía entradas a la cena solamente a los miembros que se hubieran entrevistado con el pastor. Así se aseguraban de que su relación con el Señor y los miembros de la iglesia estuviera en orden. Podemos pensar que esto podría ser visto como extremo, pero me pregunto si la liviandad con la que nosotros solemos participar de la Cena no representa un extremo aún más peligroso.

Podemos entender la confesión mutua como una disciplina bíblica que acompaña la práctica de la Cena del Señor, que es uno de los medios de gracia. Es cierto que la confesión de pecados no se limita a instancias de nuestra participación en la Cena, sino que debe ser una práctica continua, como lo enseña Santiago: «Por eso, confiésense unos a otros sus pecados, y oren unos por otros, para que sean sanados» (Sant. 5:16).

Anne Dutton, una reconocida compositora de himnos, con el fin de responder a las preguntas de una hermana en la fe, escribió un libro llamado *Pensamientos sobre la Cena del Señor* en 1748.[101] Ella consideraba que la ordenanza de la Cena era inseparable del contexto de la iglesia local. El Señor mismo nos comunica sus bendiciones en la Cena (1 Cor. 10:16-17).

Dutton lamentaba que en esta etapa de la historia de la redención solo podamos compartir esa mesa por algunos momentos. Siempre se nos llamará a levantarnos para salir a luchar contra los enemigos del Señor y cuando estamos sentados a la mesa, nuestro gozo se mezcla con tristeza porque encontramos límites a nuestra capacidad de disfrutar de aquella presencia del Señor que refresca nuestras almas. Dutton se regocijaba en la confianza de que esta situación llegaría a su fin en las bodas del Cordero. En aquel momento lo veremos a Él claramente y nos nutriremos de Él. Dutton nos asegura que, en ese momento, «Él abrirá por completo Su corazón, y nos contará historias sobre Su amor y el amor del Padre, como nunca hemos escuchado antes. Ni la mitad, ni una historia en mil se nos ha contado hasta ahora».[102] Ella afirmaba que estos relatos de amor divino nos dejarán maravillados, llenos de gozo y adoración infinita.

Dutton entendía que nuestro máximo gozo se encuentra en la presencia del Señor, donde podemos adorarlo en espíritu y verdad. En la celebración de las ordenanzas experimentamos de forma anticipada la comunión con Dios que nos espera en la eternidad.

---

[101] Ann Dutton, *Thoughts on the Lord's Supper, Relating to the Nature, Subjects, and right Partaking of this Solemn Ordinance* [Pensamientos sobre la Cena del Señor, la relación con la naturaleza, los sujetos y la participación correcta de esta ordenanza solemne] (Londres: J. Hart, 1748),
[102] Ibid., 35.

Capítulo 17

La Palabra orada

Cuánto me cuesta orar. No encuentro tiempo. Cuando estoy orando mi mente se dispersa, me distraigo y paso minutos pensando en cualquier cosa. A veces me ayuda caminar y orar. He pasado lindos momentos caminando y desahogándome con el Señor. Pero no es un método infalible. En otras ocasiones camino y de repente me doy cuenta de que perdí la concentración observando la construcción de algún edificio o siguiendo un perro que anda suelto en la calle. Muchas veces me he dado cuenta de que mi mente está enfocada en todas las cosas que me preocupan, pero no las estoy llevando al Señor. Hay otros días que me siento completamente trabado por la gran cantidad de preocupaciones y la sensación de no poder orar sin que mi mente salte sin orden de una cosa a otra. A veces intento orar, pero tengo una sensación de desconexión —como cuando perdemos la conexión a Internet—. Siento que mis pobres plegarias rebotan en el techo y caen al piso por su propio peso.

La oración es un privilegio de valor inconmensurable. Por la gracia de Jesús tenemos el derecho a entrar directamente al trono de Dios para hacerle saber nuestras necesidades y ofrecerle nuestra adoración. El autor de Hebreos nos insta a acercarnos «confiadamente al trono de la gracia para recibir misericordia y hallar la gracia que nos ayude en el momento que más la necesitemos» (Heb. 4:16). Pablo nos anima: «No se inquieten por nada; más bien, en toda ocasión, con oración y ruego, presenten sus peticiones a Dios y denle gracias» (Fil. 4:6). Sin embargo, tomamos la oración como un deber y una carga. Sin duda, es un deber, pero no debe ser una carga.

En la oración completamos el circuito de comunicación con nuestro Dios. Él nos habla mediante Su Palabra y nosotros respondemos por la oración. ¿Podría haber un privilegio más grande? El problema, por supuesto, está en nosotros. Todavía huimos instintivamente de la luz —nos escondemos del intenso brillo de la santidad de Dios—. En este largo proceso de la santificación, todavía no nos hemos adaptado del todo a los atrios del cielo.

John Owen escribió que «somos adversos al trato y la comunicación con Dios».[103] Esto es porque «en nosotros secretamente hay una enajenación que obra en contra de nuestros deberes y la comunión inmediata con Él». Todavía la presencia divina produce en nosotros una reacción alérgica. Como nuestros padres, Adán y Eva, cuando escuchamos la voz del Señor en el huerto, nuestra tendencia es escondernos entre los árboles.

EL GRAN SECRETO DE LA ORACIÓN

Debido a mi frustración con la oración empecé a buscar soluciones. La idea que tuve fue aplicar técnicas de productividad a mi vida de oración. Les adelanto que este nos es el gran secreto de la oración, aunque no es tan mala idea como parece.

Entonces, ¿cuál es el secreto? En breve, el secreto es el Espíritu Santo. El puritano David Clarkson (1622-1686), amigo y asistente de John Owen, destapó este secreto al escribir:

Es la función del Espíritu Santo interceder por nosotros. Él ora en nosotros, es decir, Él forma nuestras oraciones. Él escribe peticiones en nuestros corazones, nosotros las ofrecemos; Él las compone, nosotros las expresamos. Aquella

---

[103]John Owen, *Works* [Obras], IV, 257-259

oración que confiamos será aceptada es la obra del Espíritu Santo; es Su voz, movimiento, operación y, por tanto, Su oración.[104]

Uno de los pasajes más citados por los puritanos en relación con la oración es el siguiente:

> Así mismo, en nuestra debilidad, el Espíritu acude a ayudarnos. No sabemos qué pedir, pero el Espíritu mismo intercede por nosotros con gemidos que no pueden expresarse con palabras. Y Dios, que examina los corazones, sabe cuál es la intención del Espíritu, porque el Espíritu intercede por los creyentes conforme a la voluntad de Dios (Rom. 8:26-27).

Otro pasaje clave para los puritanos fue Zacarías 12:10:

> Sobre la casa real de David y los habitantes de Jerusalén derramaré un espíritu de gracia y de súplica, y entonces pondrán sus ojos en mí. Harán lamentación por el que traspasaron, como quien hace lamentación por su hijo único; llorarán amargamente, como quien llora por su primogénito.

Con referencia a este pasaje, John Bunyan escribió: «Cuando el Espíritu entra al corazón, surge la oración genuina, antes, nunca».[105]

En realidad, la oración depende de nuestra interacción con el Dios trinitario. Cristo también facilita nuestras oraciones. Como gran Mediador intercede por nosotros (Rom. 8:34; Juan 17). John Owen escribió: «En la oración, es la obra el Espíritu Santo mantener fija la atención de los creyentes en Jesucristo como único medio de ser aceptados por Dios». Thomas Manton (1620-1677) estaba de acuerdo cuando dijo: «No podemos acercarnos al bendecido Padre al menos

---

[104]Michael A.G, Haykin, "Evangelical Spirituality Nourished in Prayer," Evangelical Times, October 1999, https://www.evangelical-times.org/27665/evangelical-spirituality-nourished-in-prayer/
[105]Ibid.

que sea por el bendecido Hijo, y no podemos acceder al Hijo, sino por el bendecido Espíritu Santo».[106]

Aunque en la oración dependemos de la obra del Espíritu Santo, la intercesión del Hijo y la gracia de Dios el Padre no es una relación de absoluta pasividad. Parecido al proceso de la santificación, Dios nos ayuda, pero nosotros somos responsables de orar. William Gurnall explica que el Espíritu «no respira en nosotros como por una trompeta, un instrumento pasivo».[107] Todo lo contrario, en la oración existe «una concurrencia entre el Espíritu de Dios y el alma o espíritu del cristiano».[108] Siguiendo las mismas líneas, Thomas Manton escribió:

No debemos demorar nuestro deber de orar hasta sentir el movimiento del Espíritu, sino que debemos utilizar aquellas capacidades que poseemos como criaturas capaces de razonar, y en la medida que cumplimos con nuestro deber esperamos y clamamos por las necesarias influencias del Espíritu del Señor.[109]

LA ORACIÓN MODELO

Las mejores oraciones se expresan en un lenguaje sencillo. Tanto en público como en privado; no ganamos nada cuando insistimos en decorar nuestras oraciones con adornos verbales. La oración no es una plataforma para demostrar nuestro manejo poético del idioma o la profundidad de nuestros conocimientos teológicos. Las oraciones de nuevos creyentes muchas veces son de las mejores, ya que todavía no aprendieron a adornar sus palabras y no se apoyan en las tantas muletillas piadosas que aprendemos con el tiempo.

Jesús nos advierte en contra de orar en público para ser vistos por los hombres (Mat. 6:5). También nos exhorta a evitar un estilo propio

---

[106]Ibid.
[107]Ibid.
[108]Ibid.
[109]Ibid.

de las oraciones paganas: «Y al orar, no hablen solo por hablar como hacen los gentiles, porque ellos se imaginan que serán escuchados por sus muchas palabras» (Mat. 6:7). He mencionado que la espiritualidad es la expresión práctica de nuestra teología. Si pensamos que Dios solo nos escucha si pedimos algo mil veces, ¿qué dice esto de nuestra teología?

Anteriormente mencioné que en la provincia de Córdoba hay una montaña que se llama el Uritorco, lugar muy frecuentado por los adeptos de la nueva espiritualidad. Cuando subí a la cima hace varios años encontré algo que me hizo recordar los documentales que había visto sobre el monte Everest. En la cima habían dejado varias cuerdas de las que colgaban pequeñas banderillas que ondeaban en el viento. En el Tíbet se entiende que estas banderas, con cada movimiento, elevan una oración (¿a Dios, al universo?). De forma parecida, en los templos budistas se encuentran filas de ruedas de plegaria, cilindros de bronce que los que pasan hacen girar con la mano. La idea es la misma. En las banderillas y las ruedas encontramos una ingeniosa respuesta de la tecnología primitiva frente al tedio de la oración pagana. En la India existen modelos que giran impulsados solo por el calor de una vela.

La enseñanza de Jesús indica que estas oraciones no son escuchadas. Nos dio, en cambio, un modelo de oración efectivo:

Ustedes deben orar así: «Padre nuestro que estás en el cielo, santificado sea tu nombre, venga tu reino, hágase tu voluntad en la tierra como en el cielo. Danos hoy nuestro pan cotidiano. Perdónanos nuestras deudas, como también nosotros hemos perdonado a nuestros deudores. Y no nos dejes caer en tentación, sino líbranos del maligno» (Mat. 6:9-13).

En esta oración modelo observamos seis peticiones o declaraciones básicas:

1. Como quien entra a la presencia del rey, reconocemos Su identidad suprema y santa. A la vez, nos dirigimos a Él

como Padre. El Rey soberano del universo quiere ser conocido y tratado como nuestro Padre. Nos puede intimidar Su grandeza, pero con ternura paternal extiende Su mano y nos invita a pasar.

2. Pedimos por el avance de Su reino, tanto en los términos más amplios como en los asuntos más pequeños. En última instancia, anhelamos que el dominio de Su reino avance en nuestros propios corazones.

3. Pedimos lo que nos hace falta: comida, trabajo, etc. Él se deleita en proveer lo que necesitamos. Pidamos sin timidez. Él nos ama.

4. Confesamos nuestros pecados y buscamos que todo esté bien entre Él y nosotros, igual que entre nosotros y nuestro prójimo.

5. Pedimos Su ayuda para librar la guerra por la santidad.

6. Lo glorificamos como Dios, es decir, lo adoramos en espíritu y verdad.

¿Te percataste de que es muy sencillo? No sé si en realidad era necesario hacer la lista anterior. La oración en sí ya es más que clara. Obviamente, esta no es una oración que debamos repetir de memoria mil veces con un amuleto en la mano. Esto haría del Padre Nuestro una oración pagana.

El Padre Nuestro no es la única oración que encontramos en las páginas de la Biblia. Encontramos también otras oraciones de Jesús, de Pablo, de los profetas y muchos otros personajes bíblicos. Todas nos pueden servir como ejemplos. En los Salmos encontramos 150 oraciones que abarcan todas las situaciones y emociones posibles en la vida. Hay salmos de confesión de pecados, salmos que expresan el temor o el enojo con Dios cuando no entendemos. Salmos de júbilo y de alabanza. La simple práctica de leer un salmo y luego repetirlo como oración propia puede enriquecer enormemente nuestras vidas.

Cuidado, no estoy diciendo que sea suficiente leer una oración de las páginas de la Biblia o verbalizar una propia. Debemos orar con fe. El Señor señala con absoluta claridad: «Sin fe es imposible agradar a Dios, ya que cualquiera que se acerca a Dios tiene que creer que él existe y que recompensa a quienes lo buscan» (Heb. 11:6). No hace falta una enorme cantidad de fe. Un poquito, el tamaño de una semilla de mostaza, es más que suficiente (Mat. 17:20). Tampoco tiene que ser de la mejor calidad. Recordemos el ejemplo del hombre que le dijo a Jesús: «¡Sí creo! ¡Ayúdame en mi poca fe!» (Mar. 9:24). Este hombre entendió algo clave: la misma fe es un regalo de Dios, y como toda cosa buena, se la podemos pedir al Señor. Nuestra fe puede ser poca y de pobre calidad, sin embargo, el Padre nos escucha y nos contesta. Con el paso del tiempo se van acumulando las respuestas y esto fortalece nuestra fe.

Nunca me consideré un modelo de fe u oración, pero en esta etapa puedo decir simplemente que Dios me contesta. Esto no quiere decir que sea un testamento a la calidad de mi fe, sino a la fidelidad de Dios demostrada miles de veces. He aprendido a regocijarme cuando Su respuesta es «no», porque me he dado cuenta de que hasta Sus «no» envuelven infinitamente más bendición que mis desafiantes «¡pero, sí!» o mis lamentables «¿por qué no?».

LA ORACIÓN COMO MEDIO DE GRACIA Y DISCIPLINA ESPIRITUAL

Hemos visto que no hubo consenso entre las iglesias históricas de la Reforma en cuanto al número exacto de medios de gracia. Para algunos, los medios de gracia eran dos: la predicación de la Palabra y la administración de las ordenanzas. Para otros los medios de gracia incluían la oración y para otros más incluían la disciplina bíblica en la iglesia. Realmente, esto no debe ser muy relevante. Todos entendemos en términos generales que la oración es un medio de gracia. Dios nos bendice con la oración. A la vez, como acabamos de ver, la oración es también nuestra responsabilidad y, por lo tanto, una disciplina espiritual para cada uno de nosotros.

LA ORACIÓN EN LA VIDA DE LA IGLESIA

El apóstol Pablo, escribiéndole a Timoteo, insistió en la importancia de las oraciones públicas: «Así que recomiendo, ante todo, que se hagan plegarias, oraciones, súplicas y acciones de gracias por todos, especialmente por los gobernantes y por todas las autoridades, para que tengamos paz y tranquilidad, y llevemos una vida piadosa y digna» (1 Tim. 2:1-2). Los ancianos de nuestra iglesia nos hemos propuesto incrementar la importancia que se le da a la oración en la vida de nuestra iglesia.

Dicen que las iglesias muchas veces se parecen a sus pastores. Esto es lamentable en parte. Les he confesado mis deficiencias en la oración. Mi tendencia siempre ha sido ser muy activista —más Marta que María—. Suelo actuar primero y orar después. No sé cuántas veces hemos comenzado una reunión de ancianos y luego de conversar de una cosa y otra, nos damos cuenta de que ya estamos hablando de cosas de gran importancia y todavía no hemos tomado el tiempo de buscar el rostro del Señor. Con el paso del tiempo he ido aprendiendo la lección que ofrece el ejemplo de David, quien aun cuando su familia había sido llevada cautiva, buscó primero al Señor en oración antes de ir a dar batalla (1 Sam. 30:8).

Los ancianos hemos tomado medidas para mejorar nuestra vida de oración. Además, en los últimos años hemos dado más lugar a la oración en nuestras reuniones. También nos hemos esforzado por hacer que nuestros grupos pequeños funcionen como productores de oración. Sin embargo, siento que todavía nos falta. Como ya he mencionado, me consuela el hecho de que, aunque nuestras oraciones sean muy pobres, el Señor igual, por Su gracia, nos contesta:

Así mismo, en nuestra debilidad el Espíritu acude a ayudarnos. No sabemos qué pedir, pero el Espíritu mismo intercede por nosotros con gemidos que no pueden expresarse con palabras.

Y Dios, que examina los corazones, sabe cuál es la intención del Espíritu, porque el Espíritu intercede por los creyentes conforme a la voluntad de Dios (Rom. 8:26-27).

LA ORACIÓN EN EL HOGAR

Los padres somos responsables de enseñarles a nuestros hijos a orar. Seguramente hay buenas técnicas pedagógicas que podemos usar en este proceso. Sin embargo, como hemos visto, la oración en sí no es un asunto muy complicado. Nuestras deficiencias en la oración no vienen por una falta de técnica, sino que son producto de la resistencia de nuestros corazones. Nuestros hijos, siendo nuestros descendientes, y descendientes de Adán, tendrán las mismas luchas. Lo más importante que podemos hacer es ofrecerles un modelo de oración sencillo, sincero, constante y lleno de fe. Lo que más va a marcar sus vidas será nuestro ejemplo.

Recuerdo una experiencia que marcó mi vida de oración por el año 1978 o 1979. Mi familia se había mudado de Buenos Aires a Córdoba con el fin de empezar una nueva obra. Fueron años difíciles. El Gobierno *de facto* libraba una guerra en contra de la insurgencia marxista. En esa época desaparecieron miles de personas, muchas de ellas sin ninguna conexión con el conflicto. En el país se sentía una opresión pesada y lúgubre.

Mi padre insistió en plantar una iglesia a pesar de las circunstancias. Hace poco me invitaron a predicar en el 40 aniversario de esa iglesia. A la distancia quizás cueste entender lo difícil que fue comenzarla. Domingo tras domingo, mis padres y mis tres hermanos nos reuníamos en el pórtico de nuestra casa donde colocábamos unas veinte sillas. Aunque repartimos muchas invitaciones por la zona y domingo tras domingo abríamos las puertas, no llegaba nadie. Cuando relato esta historia, siempre digo, a modo de broma, que nos alegrábamos cuando entraba algún perro del barrio porque mejoraba el promedio de asistencia. Esta situación duró más de dos años. No tengo dudas de que muchos hombres de menos fe que mi padre hubieran tirado la toalla al poco tiempo debido a los resultados tan pobres.

Recuerdo que una noche me levanté a las dos de la mañana. Tenía hambre, así que me dirigí a la cocina. Miré por la ventana y vi una luz encendida en el estudio de mi padre. Salí al patio y cuando me asomé por la ventana no veía a mi padre. Al mirar de nuevo lo vi detrás de su escritorio, arrodillado frente a su sillón con la cabeza agachada en oración y la Biblia abierta frente a él.

La mejor forma de enseñar a orar a nuestros hijos es ser un buen ejemplo.

La oración privada

En cuanto a cómo orar en privado, quizás no hay mucho más que decir. Nos hace falta desarrollar una rutina sagrada. Como los monjes benedictinos, debemos buscar ordenar nuestras vidas basándonos en la prioridad de las disciplinas de la lectura de la Palabra y la oración. En vez de intentar meter nuestras oraciones en los pocos momentos libres que tenemos en nuestra agitada agenda, conviene tirar abajo la estructura de nuestra vida y reconstruirla con la Biblia como cimiento y la oración como columnas y vigas que sostienen la estructura. Con esto no queremos decir que sea necesario orar nueve veces por día, pero nuestra vida espiritual cambiará cuando la oración tenga prioridad en nuestra vida diaria.

He escuchado decir muchas veces que, si queremos darle prioridad a la Palabra y a la oración, debemos levantarnos una hora más temprano. Por muchos años no le di mucha importancia a este consejo. Mientras tanto, seguía luchando por encontrar el tiempo y el espacio necesario durante el día. Por fin, mi esposa y yo comenzamos a despertarnos una hora más temprano. La cultura argentina incluye mantenerse despierto hasta largas horas de la noche. Los restaurantes no abren hasta las 8:00 de la noche y la gente en realidad recién empieza a llegar después de las 9:00. Yo disfrutaba ese estilo de vida, aunque con los años me cuesta más. Sin embargo, nos dimos cuenta de que, al menos que hubiera un compromiso importante, teníamos que empezar a irnos a dormir más temprano. Es decir, cambiamos nuestro ritmo diario por completo para acomodar la prioridad de la oración. No lo hemos lamentado. Esa primera hora de la mañana con un café en la mano, la Biblia en las rodillas y las oraciones en nuestras bocas es el momento que más nos gusta del día.

LA ORACIÓN MUEVE MUNDOS

Arquímedes dijo: «Dadme un punto de apoyo y moveré el mundo». Hablaba del principio de la física que permite multiplicar la fuerza mediante el uso de una palanca. Entiendo la idea, pero confieso que me pregunto, ¿cuánto tendría que medir esa palanca? Dudo que Arquímedes tenga suficiente fuerza para levantarla. ¿Quizás con una palanca adicional?

La oración, en cambio, sí mueve mundos. Con la fe del tamaño de una semilla de mostaza podemos mover montañas (Mat. 17:20). Todo lo que pedimos en el nombre del Señor, será hecho para que el Padre sea glorificado en el Hijo (Juan 14:13). Esto significa que todo lo que se alinea con Su gran plan de redención y restauración recibe una respuesta positiva del Señor.

Lo siento, quizás no esté en los planes del Señor que tengas una Ferrari. Por lo menos, hasta el momento, a mí el Señor me ha dicho que no. Pero creo que cuando venga en Su reino lo que recibiremos hará parecer al Ferrari como poca cosa. Nos espera un mundo transformado. El proceso que produce esa transformación, el plan de redención, ya se activó. Nosotros ahora participamos en el plan de Dios para restaurar Su creación.

Hay un tema que surge una y otra vez en la enseñanza bíblica sobre la oración; me refiero al avance del evangelio en el mundo. Si mientras oramos nunca levantamos los ojos más allá de nuestras propias necesidades y miramos con atención el plan de Dios para restaurar Su creación, habremos convertido la oración bíblica en un ejercicio típico de la espiritualidad autodirigida practicada por el individuo que se considera soberano.

El Señor Jesús preguntó: «¿No dicen ustedes: "Todavía faltan cuatro meses para la cosecha"? Yo les digo: ¡Abran los ojos y miren los campos sembrados! Ya la cosecha está madura» (Juan 4:35). Pablo pide: «Por último, hermanos, oren por nosotros para que el mensaje del Señor se difunda rápidamente y se le reciba con honor, tal como sucedió entre ustedes» (2 Tes. 3:1).

William Carey escribió en cuanto a la oración en las misiones:

Uno de los primeros deberes y, de hecho, el más importante que nos incumbe a nosotros, es la oración ferviente y unida. Por más que la influencia del Espíritu Santo sea menospreciada por muchos, se descubrirá al hacer la prueba, que, sin ella, todos los medios que podamos utilizar serán inefectivos. Si se levantare un templo en honor a Dios en el mundo pagano, no será con ejércitos, ni con fuerza, ni por la autoridad del magistrado o la elocuencia del orador; «sino con mi Espíritu», ha dicho Jehová de los ejércitos. Por lo tanto, debemos suplicar fervientemente Su bendición sobre la obra que Él nos ha dado para hacer.[110]

La oración mueve montañas y cambia mundos. Nos puede cambiar a nosotros, a nuestras familias y a nuestras iglesias. En la oración, bajo la influencia del Espíritu Santo, nuestros corazones se empiezan a alinear con el corazón de Dios.

[110]William Carey, *An Enquiry into the Obligations of Christians to Use Means for the Conversion of the Heathen* [Un estudio sobre la obligación de los cristianos de utilizar medios para la conversión de los paganos] (Leicester: Ann Ireland, 1792), 77.

Capítulo 18

Vivir *Coram Deo*

Aunque no compartimos todas las ideas de los monjes benedictinos, podemos sentirnos identificados con su deseo de vivir ordenadamente en el tiempo y el espacio en plena conciencia de la presencia de Dios. Esta espiritualidad *coram Deo* afecta cada aspecto de nuestras vidas. Por esto es inevitable que nuestra espiritualidad termine abarcando un espacio intelectual similar al de nuestra cosmovisión.

En la práctica de los medios de gracia y las disciplinas bíblicas hay muchos puntos que, como una ventana, revelan un panorama más amplio. Empecemos con el ejemplo de la oración. Pablo ordena: «Oren sin cesar» (1 Tes. 5:17). Este imperativo es realmente uno entre otros tres, todos relacionados con la forma en que debemos vivir en el tiempo. Siempre debemos estar «alegres», siempre debemos «orar» y siempre debemos dar «gracias» (1 Tes. 5:16-18). Esto va aún más allá de ordenar nuestros días alrededor de las disciplinas espirituales. Es más que levantarse a las 6:00 de la mañana para orar o incluso orar nueve veces por día como lo hacen los monjes benedictinos. Significa imponer un patrón bíblico a cada uno de nuestros pensamientos.

Los monjes, en la espiritualidad de la iglesia ortodoxa, aprenden a repetir una plegaria que se llama «la oración de Jesús». Es sencilla. En su forma más breve dice simplemente: «Señor, ten misericordia». La versión más completa repite: «Señor Jesucristo, Hijo de Dios, ten misericordia de mí, pecador». Los monjes suelen repetir esta oración cientos de veces por día.

Es realmente una hermosa oración que destila la esencia de la espiritualidad cristiana. No creo que sea malo que un creyente evangélico pueda repetirla algunas veces. De hecho, la oración en sí es bíblica. Encontramos una versión en los labios del publicano arrepentido en el templo (Luc. 18:13). El peligro de esta práctica ortodoxa yace en la repetición constante que la puede convertir en una especie de mantra cristiana. Es repetida tantas veces que me pregunto si no cae bajo la prohibición de Jesús al uso de vanas repeticiones.

Aunque cuestionamos esta técnica, rescatamos la idea de llenar nuestra mente en cada momento del día con las cosas de Dios. Proponemos otro modelo. Aprendamos a conversar constantemente con el Señor. La meditación durante el día en la lectura bíblica abre nuestros oídos a la voz del Señor. Meditamos en Su Palabra y hablamos con Él por medio de la oración.

Hace mucho que hablo conmigo mismo. Mi pobre esposa muchas veces me escucha y cree que le hablo a ella. Cuando me pregunta lo que dije, le respondo que, por favor, no me interrumpa cuando estoy conversando, ya que es de mala educación. Hasta ahora no me ha pegado. Quizás lo único bueno de este hábito es que, en los últimos años, en vez de hablarme a mí mismo, me encuentro hablando con el Señor. Por ejemplo, al escribir este párrafo estoy pidiéndole al Señor ayuda para expresar la idea de una forma que sea entendible y que no parezca que estoy haciendo alarde de un gran nivel de espiritualidad… y que tampoco me crean demasiado loco.

La idea es que, con el pasar del tiempo, el Señor nos permita llenar cada vez más las horas de nuestras vidas con Su presencia. Al Edén no volvemos, pero sí avanzamos hacia un futuro de plena comunión con el Dios trinitario —*coram Deo* en su máxima expresión—.

En el mundo, pero no del mundo

¿Cómo hacemos hoy para vivir *coram Deo*? Debemos ordenar nuestro tiempo y nuestro uso del espacio de tal forma que facilite nuestro crecimiento en la santificación, nuestra comunión con Dios y nuestros hermanos en la fe. En Su oración sacerdotal, Jesús oró: «No te pido que los quites del mundo, sino que los protejas del maligno. Ellos no son del mundo, como tampoco lo soy yo» (Juan 17:15-16). Rod Dreher nos ofrece en su *Opción Benedictina*, un modelo digno para considerar e incluso adoptar. De forma deliberada debemos desligarnos de estructuras, hábitos y de formas de vida que impidan nuestro crecimiento espiritual. Debemos buscar la ayuda del Espíritu Santo para superar nuestras adicciones a las antidisciplinas que el mundo nos ofrece.

Dreher también insiste en la importancia de la creación de formas y estructuras culturales alternativas a las del mundo. Si queremos conservar a nuestros hijos, tenemos que tomar en serio el tema de su educación. No sé hasta cuándo podemos seguir mandándolos a la escuela pública donde, en muchos casos, la intención es inculcar en ellos una religión pagana y secular con valores antibíblicos. En algunos casos habrá que comenzar escuelas cristianas u optar por la educación en casa. Ninguna de estas opciones es sencilla. Ninguna es recomendable en todas las situaciones.

Junto a las disciplinas espirituales debemos agregar actividades culturales sanas. Podemos escuchar alguna música secular y ver algunas películas, pero no podemos ser consumidores sin filtros. Debemos aprender a analizar lo que vemos, saber cuando algo es irremediablemente nocivo, entender las presuposiciones y mensajes que se transmiten y enseñar a nuestros hijos a esgrimir siempre una mentalidad crítica. Debemos leer más. Aprendamos a leer libros antiguos y serios. Además, debemos pasar de ser solo consumidores de los medios a ser productores de cultura. Animemos a nuestros hijos a pensar y expresar una cosmovisión bíblica por medio de la poesía, el dibujo, la música y el video.

Comprometámonos con la vida. La comunidad evangélica en Argentina se ha llevado una gran decepción en los últimos meses al aprobarse la ley del aborto en el país. Sin embargo, la resistencia a esta ley no es la única forma de estar a favor de la vida. Recordemos que el mandato cultural indica que el propósito de Dios es que nos multipliquemos para llenar el mundo de imágenes representativas de Él. Muchas veces los evangélicos resistimos la ideología asesina del aborto, pero caemos en la mentalidad secular de preferir tener pocos hijos con el fin de facilitar nuestras carreras profesionales. En vez de engendrar pequeños seres humanos como potenciales adoradores eternos de Dios, preferimos apostar por la comodidad económica y el estatus social en esta vida breve y miserable. Gracias a Dios, veo evidencia entre las generaciones jóvenes de un nuevo compromiso con la vida, evidenciado en el auge de la adopción en algunas iglesias.

Estos son solo unos pocos temas relacionados con la importancia de formar una cosmovisión bíblica. Esta cosmovisión bíblica es de gran urgencia porque nuestra espiritualidad funciona inevitablemente dentro de ese contexto. No es posible mantener una espiritualidad bíblica en el contexto de una cosmovisión no bíblica. Donde no hay compatibilidad, en algún punto cederá nuestra cosmovisión o cederá nuestra espiritualidad.

Jesús pide en Su oración sacerdotal que el Padre transforme nuestra cosmovisión: «Santifícalos en la verdad; tu palabra es la verdad» (Juan 17:17). Como mencionamos al comienzo de este libro, la relación entre nuestra cosmovisión y nuestra espiritualidad es cíclica y retroalimentaria. Esto quiere decir que el primer paso hacia una cosmovisión bíblica podría ser la reforma del uso de nuestros tiempos y espacios con el fin de sacar a la Palabra de Dios del margen de nuestras vidas y llevarla al mismo centro de nuestra existencia.

LA OPCIÓN CORDOBESA

Como he mencionado, Rod Dreher se defiende de la acusación de que aconseja aislarse por completo del mundo en su libro *La opción Benedictina*. Más allá del libro de Dreher, sabemos que las Escrituras demandan de nosotros un equilibrio entre la santidad y el contacto misionero con la cultura que nos rodea. Con esto en mente, veamos un ejemplo de la antigüedad que nos puede servir para entender nuestra responsabilidad hacia el mundo.

En la antigüedad, el cristianismo en España estuvo marcado por las tribus de los godos que adoptaron el arrianismo. Sin embargo, hubo muchos ejemplos de figuras ortodoxas que mantuvieron la fe. Osio de Córdoba (257-359), por ejemplo, fue amigo de Atanasio y jugó un papel determinante en la adopción del Credo de Nicea. El cristianismo de España fue alcanzado por una crisis que ya afectaba gran parte del mundo mediterráneo en el año 711. En ese año las fuerzas islámicas cruzaron el estrecho, ahora llamado de Gibraltar, para comenzar su invasión de la península ibérica.

El islam permitía el cristianismo, pero bajo severas restricciones. Estas incluían la prohibición de la predicación pública y el proselitismo. Para los cristianos nominales, estas prohibiciones no representaban un gran problema, pero a ciertos monjes que vivían cerca de la ciudad de Córdoba les producía un dilema existencial. Un día, un monje llamado Isaac bajó a la ciudad de Córdoba y, frente a un juez musulmán, denunció al islam como religión falsa y proclamó la verdad de la divinidad de Cristo. Isaac fue decapitado. Dos días más tarde, un soldado cristiano, que servía en el ejército del emir, hizo la misma confesión de fe. Durante las próximas 48 horas, seis monjes y sacerdotes hicieron la misma confesión y se agregaron a la lista de los mártires. Casi cincuenta personas tomarían el mismo paso en la década siguiente.

Tertuliano (160-220) dijo que la sangre de los mártires es la semilla de la Iglesia. Este fenómeno se puede rastrear hasta los mismos inicios de la Iglesia. El testimonio cristiano respaldado con el coraje de la fe demostrada al enfrentar la muerte, resultó ser altamente creíble. Pablo fue convertido, en parte, por la fe demostrada por Esteban, una de sus víctimas.

Solemos conectar el concepto del mártir con la muerte violenta. Sin embargo, la palabra originalmente significa solo testigo. Dar testimonio de nuestra fe ante el mundo es la esencia de la espiritualidad cristiana. Jesús dijo: «A cualquiera que me reconozca delante de los demás, yo también lo reconoceré delante de mi Padre que está en el cielo» (Mat. 10:32). Pablo nos dice que la salvación requiere de la confesión de nuestra fe (Rom. 10:9-10).

No estoy tratando de decir que la salvación dependerá de que nos paremos en una plaza para predicar a los que pasen. No se trata de un requisito previo, pero sí es un resultado inevitable. Recordemos que nuestro propósito original como seres humanos es el de portar la imagen divina como virreyes de Dios ante el mundo creado (Gén. 1:26-28). Con la salvación, Dios empieza en nosotros el proceso de restauración que nos lleva a parecernos a nuestro Señor Jesucristo.

El pasaje bíblico que conocemos como la Gran Comisión (Mat. 28:16-20) es la reiteración del mandato cultural de Génesis 1. Esto se ve con mucha claridad en la reiteración de la Gran Comisión de Jesús: «Pero, cuando venga el Espíritu Santo sobre ustedes, recibirán poder y serán mis testigos tanto en Jerusalén como en toda Judea y Samaria, y hasta los confines de la tierra» (Hech. 1:8). Este versículo no es realmente un imperativo. Se trata, más bien, de una declaración de lo que será inevitable una vez que el Espíritu Santo entre en comunión con nosotros. No es una tarea opcional que podemos cumplir o no. Fluye de la misma naturaleza humana restaurada en nosotros por Dios. Hemos sido creados para proclamar Su grandeza.

Cuando nosotros, como representantes de Dios, entramos en contacto con un mundo adverso a Su soberanía, el choque a veces produce una reacción violenta de parte de los enemigos de Dios. Esta realidad no ha sido parte de nuestras vidas como evangélicos en el mundo occidental en las últimas décadas. Por cierto, hay lugares de América Latina donde si volvemos 70, 80 o 100 años al pasado, encontraremos violencia en contra de las iglesias y los cristianos evangélicos. Y aunque en las últimas décadas hemos tenido poca persecución abierta, el martirio de los cristianos no ha menguado en el mundo en el último siglo. Algunas fuentes sugieren que, por el contrario, ha aumentado. Sabemos que sigue siendo sumamente peligroso confesar la fe de Jesucristo en muchas partes del mundo.

Quisiera pensar que las libertades que gozamos en el continente americano se podrán mantener, pero ya empezamos a ver evidencia de que están bajo franca amenaza. Como mencioné, en Argentina los evangélicos lamentamos la aprobación de la reciente ley del aborto. Sin embargo, esto no va a ser el final del ataque en contra de los antiguos valores cristianos retenidos en la cultura. Ha salido recientemente un dictamen del gobierno nacional que obliga a cualquiera que busca una licencia de conducir a participar en un curso de concientización en contra del feminicidio, el patriarcado e ideas bíblicas sobre la sexualidad y el género. Compartimos el rechazo al feminicidio, pero también entendemos que esta causa legítima se usa como caballo de Troya para disimular la llegada de normas decididamente antibíblicas. Verse obligado a participar de un curso que promueve la ideología de género ya representa una violación a la libertad de conciencia. Si a esto le agregamos la exigencia de realizar un examen que requiere afirmar ideas antibíblicas, los que queremos ser fieles testigos del Señor tendremos que utilizar la bicicleta. No importa. La obra misionera también se puede hacer caminando.

La opción benedictina y la opción cordobesa no son incompatibles. Los estudiosos de las misiones hablan de dos aspectos de las misiones: la misión centrífuga y centrípeta. La fuerza centrífuga es la que mueve un cuerpo hacia afuera, como la que sentimos en un carrusel que nos quiere despedir hacia afuera. La fuerza centrípeta es la fuerza contraria que nos atrae hacia el centro. El testimonio del pueblo de Dios del Antiguo Testamento era principalmente centrípeto. La obediencia a la ley de Dios traía bendición y se daba evidencia de que el pueblo que seguía a Dios gozaba de Sus bendiciones. La Gran Comisión del Nuevo Testamento es centrífuga. Somos enviados a llevar nuestro testimonio a cada rincón del planeta. A la vez, el evangelio produce un testimonio centrípeto. La Iglesia, al formar una cultura aparte, pero en contacto aún con el mundo, ofrece un ejemplo de lo que significa vivir bajo la bendición de Dios. Por esto Jesús dijo: «De este modo todos sabrán que son mis discípulos, si se aman los unos a los otros» (Juan 13:35).

UNA ESCATOLOGÍA PERSONAL

Oremos para que los cristianos occidentales no perdamos el derecho de reunirnos, de predicar el evangelio y de criar a nuestras familias a la luz de la Palabra de Dios. Pero sin importar lo que llegue a pasar, entendemos que nuestras vidas están en las manos del Señor. Su providencia maneja los hilos de la historia, levanta reyes y los tira abajo. Sabemos que el mundo entero pasará, pero Su Palabra no pasará, y sabemos con absoluta claridad cuál es nuestro destino. Pablo escribió a los hermanos de Tesalónica y les recordó que nosotros no somos como los «que no tienen esperanza» (1 Tes. 4:13). Nuestra confianza no depende de los mercados, del precio de los productos básicos, del índice de inflación, ni tampoco depende del gobierno en turno. Tenemos la promesa de que en este extraño tiempo del *ya, pero todavía no*, Jesús reina. Además, Él está con nosotros porque así lo ha prometido: «Y les aseguro que estaré con ustedes siempre, hasta el fin del mundo» (Mat. 28:20).

Recuerdo que un profesor nos dijo hace muchos años que tenía cierta importancia tomar una postura sobre la escatología, la doctrina que incluye asuntos sobre los planes de Dios y el futuro. Hay varias posturas y sistemas de interpretación. Tiene importancia, pero honestamente, es uno de los puntos de la teología donde menos conviene tener mucha rigidez. Este profesor nos dijo que también era importante considerar nuestra escatología personal. No se estaba refiriendo a adoptar el dispensacionalismo, el amilenialismo, el posmilenialismo, etc. Él estaba pensando en una teología personal que tome en cuenta la brevedad de nuestra vida.

El hombre es como la hierba,
sus días florecen como la flor del campo:
sacudida por el viento,
desaparece sin dejar rastro alguno (Sal. 103:16).

Podemos confiar en que Dios hará cumplir Su plan maestro que termina en el juicio del mundo y la restauración del universo. Nosotros somos llamados a participar durante esta corta vida como soldados que luchan en contra de los principios de la maldad en el mundo. Debemos matar diariamente al zombi de nuestra carne y debemos izar la bandera del Señor en testimonio ante el mundo. Sin embargo, el plan de Dios es multigeneracional. Solo vemos la parte más pequeña de la guerra. Por esto tiene tanta importancia leer el resto del salmo:

Pero el amor del Señor es eterno
y siempre está con los que le temen;
su justicia está con los hijos de sus hijos (Sal. 103:17).

En esta vida corta se juega nuestro destino eterno y el de nuestras familias. Dios no solo desea nuestro bien. Nos quiere envolver en esa relación de amor que ha existido en el seno de Su ser trinitario desde la eternidad. Fuimos creados para esto y solo esto nos puede dar paz y satisfacción plena.

A la mujer samaritana, Jesús le dijo: «Todo el que beba de esta agua volverá a tener sed, pero el que beba del agua que yo le daré no volverá a tener sed jamás, sino que dentro de él esa agua se convertirá en un manantial del que brotará vida eterna» (Juan 4:13-14). La llegada de Jesús marcó el punto decisivo en la historia de la humanidad: «Pero se acerca la hora, y ha llegado ya, en que los verdaderos adoradores rendirán culto al Padre en espíritu y en verdad, porque así quiere el Padre que sean los que le adoren» (Juan 4:23). Dios aún busca seguidores y adoradores entre los individuos soberanos de este mundo, los palpadores de elefantes y los constructores de zigurats.

En el último capítulo del Apocalipsis, el último libro de la Biblia, Juan relata la visión que tuvo del fin de los tiempos. Él vio un cielo resplandeciente y una existencia bendecida *coram Deo*, delante de la presencia de Dios. Vio un río de agua de vida cristalina que fluía del trono de Dios y del Cordero. Juan oyó decir al Espíritu: «"¡Ven!"; y el que escuche diga: "¡Ven!". El que tenga sed, venga; y el que quiera, tome gratuitamente del agua de la vida» (Ap 22:17).

Dios el Padre, Dios el Hijo y Dios Espíritu nos invitan.
Fuente de todo amor, el Dios trinitario dice: «Ven».